R. C. Haines

Haines' Manual of Interest, Avarage and Exchange

R. C. Haines

Haines' Manual of Interest, Avarage and Exchange

ISBN/EAN: 9783337119669

Printed in Europe, USA, Canada, Australia, Japan

Cover: Foto ©ninafisch / pixelio.de

More available books at **www.hansebooks.com**

HAINES'
MANUAL OF INTEREST,

AVERAGE AND EXCHANGE,

SHOWING THE INTEREST ON ANY SUM FROM $1 to $10,000, FOR FROM ONE DAY TO SIX YEARS, AT 1 AND 10 PER CENT. PER ANNUM,

AND ARRANGED FOR THE

AVERAGING OF ACCOUNTS,

WITH AN APPENDIX,

CONTAINING TABLES OF STERLING EXCHANGE, COMPOUND INTEREST, PRESENT WORTH AND RULES FOR BUSINESS CALCULATION:

BY R. C. HAINES,
AUTHOR OF INTERLINEAR INTEREST TABLES, &c.

PHILADELPHIA:
PUBLISHED BY THE AUTHOR, 723 SANSOM STREET.
1872.

ENTERED, according to Act of Congress, in the year 1872,
BY R. C. HAINES,
In the Office of the Librarian of Congress, at Washington.

PREFACE.

In these Tables, interest is computed upon the basis of 360 days to the year, in accordance with the law and usage of every State in the Union, with one exception. In New York, many of the Banks compute interest on the basis of 365 days; but business men in general, conform to the usual rule, which has strong claims to preference on the ground of convenience.

To secure accuracy in Averaging Accounts, however, it is necessary that the actual number of days intervening between the items shall be counted; accordingly for Averaging, the dates are extended through a period of which one day is the 365th,—January 1st being the first day, and December 31st the last day of the series. By this arrangement, it is plain that the Average date can be as correctly ascertained as by the 365 day Tables.

TIME TABLE.

FIRST YEAR.

Days.	Jan.	Feb.	Mar.	Apr.	May.	June.	July.	Aug.	Sep.	Oct.	Nov.	Dec.	Days.
1	1	32	60	91	121	152	182	213	244	274	305	335	1
2	2	33	61	92	122	153	183	214	245	275	306	336	2
3	3	34	62	93	123	154	184	215	246	276	307	337	3
4	4	35	63	94	124	155	185	216	247	277	308	338	4
5	5	36	64	95	125	156	186	217	248	278	309	339	5
6	6	37	65	96	126	157	187	218	249	279	310	340	6
7	7	38	66	97	127	158	188	219	250	280	311	341	7
8	8	39	67	98	128	159	189	220	251	281	312	342	8
9	9	40	68	99	129	160	190	221	252	282	313	343	9
10	10	41	69	100	130	161	191	222	253	283	314	344	10
11	11	42	70	101	131	162	192	223	254	284	315	345	11
12	12	43	71	102	132	163	193	224	255	285	316	346	12
13	13	44	72	103	133	164	194	225	256	286	317	347	13
14	14	45	73	104	134	165	195	226	257	287	318	348	14
15	15	46	74	105	135	166	196	227	258	288	319	349	15
16	16	47	75	106	136	167	197	228	259	289	320	350	16
17	17	48	76	107	137	168	198	229	260	290	321	351	17
18	18	49	77	108	138	169	199	230	261	291	322	352	18
19	19	50	78	109	139	170	200	231	262	292	323	353	19
20	20	51	79	110	140	171	201	232	263	293	324	354	20
21	21	52	80	111	141	172	202	233	264	294	325	355	21
22	22	53	81	112	142	173	203	234	265	295	326	356	22
23	23	54	82	113	143	174	204	235	266	296	327	357	23
24	24	55	83	114	144	175	205	236	267	297	328	358	24
25	25	56	84	115	145	176	206	237	268	298	329	359	25
26	26	57	85	116	146	177	207	238	269	299	330	360	26
27	27	58	86	117	147	178	208	239	270	300	331	361	27
28	28	59	87	118	148	179	209	240	271	301	332	362	28
29	29		88	119	149	180	210	241	272	302	333	363	29
30	30		89	120	150	181	211	242	273	303	334	364	30
31	31		90		151		212	243		304		365	31

EXAMPLES.

How many days from March 1st to July 4th? Subtract 60,—under March and opposite 1, in column of days, from 185,—under July and opposite 4, in column of days. *Ans.* 125 days.

TIME TABLE.

SECOND YEAR.

days.	Jan.	Feb.	Mar.	Apr.	May.	June.	July.	Aug.	Sept.	Oct.	Nov.	Dec.	Days.
1	366	397	425	456	486	517	547	578	609	639	670	700	1
2	367	398	426	457	487	518	548	579	610	640	671	701	2
3	368	399	427	458	488	519	549	580	611	641	672	702	3
4	369	400	428	459	489	520	550	581	612	642	673	703	4
5	370	401	429	460	490	521	551	582	613	643	674	704	5
6	371	402	430	461	491	522	552	583	614	644	675	705	6
7	372	403	431	462	492	523	553	584	615	645	676	706	7
8	373	404	432	463	493	524	554	585	616	646	677	707	8
9	374	405	433	464	494	525	555	586	617	647	678	708	9
10	375	406	434	465	495	526	556	587	618	648	679	709	10
11	376	407	435	466	496	527	557	588	619	649	680	710	11
12	377	408	436	467	497	528	558	589	620	650	681	711	12
13	378	409	437	468	498	529	559	590	621	651	682	712	13
14	379	410	438	469	499	530	560	591	622	652	683	713	14
15	380	411	439	470	500	531	561	592	623	653	684	714	15
16	381	412	440	471	501	532	562	593	624	654	685	715	16
17	382	413	441	472	502	533	563	594	625	655	686	716	17
18	383	414	442	473	503	534	564	595	626	656	687	717	18
19	384	415	443	474	504	535	565	596	627	657	688	718	19
20	385	416	444	475	505	536	566	597	628	658	589	719	20
21	386	417	445	476	506	537	567	598	629	659	690	720	21
22	387	418	446	477	507	538	568	599	630	660	691	721	22
23	388	419	447	478	508	539	569	600	631	661	692	722	23
24	389	420	448	479	509	540	570	601	632	662	693	723	24
25	390	421	449	480	510	541	571	602	633	663	694	724	25
26	391	422	450	481	511	542	572	603	634	664	695	725	26
27	392	423	451	482	512	543	573	604	635	665	696	726	27
28	393	424	452	483	513	544	574	605	636	666	597	727	28
29	394		453	484	514	545	575	606	637	667	698	728	29
30	395		454	485	515	546	576	607	638	668	699	729	30
31	396		455		516		577	608		669		730	31

When will a note dated March 4*th*, at 90 days, mature? To 63, under March and opposite 4, add 93: the sum, 156 is found under June, and opposite 5. *Ans.* June 5th.

How many days from Nov. 26, 1870, to April 5th, 1871? From 460, under April and opposite 5, in SECOND YEAR, subtract 330, under November and opposite 26 in FIRST YEAR. *Ans.* 130 days.

In Leap Year, when February intervenes, an allowance of 1 day must be made.

EXPLANATIONS.

TO ASCERTAIN INTEREST.

Find the table which has at its head the number of days for which interest is required, and opposite the principal will be seen the interest, at *1 per cent.*, in dollars, cents and mills, and at *10 per cent.*, in dollars and cents; for the latter rate, the decimal point being removed one place to the right, mills being taken as units of cents.

Thus, the interest on $5000, for 93, days (page 95) at 1 per cent., is $12.91,7; at 10 per cent., $129.17

To ascertain interest at other rates, set down the interest at 1 per cent. in dollars, cents and mills, and multiply by the required rate, rejecting the mills from the *product;* the fractional excess having already been allowed in the tables.

What is the interest on $968 for 93 days, at 7 per cent?

Under 93 days, at top of page 95, we find

Opposite 900, 2.32.5
" 60, .15.5
" 8, .02.1
—————
2.50.1 × 7 = 17.50.7. Ans. $17.50

FOR AVERAGING ACCOUNTS.

When the account runs through one year only; or between January 1st and December 31st:

Find the amounts in each item of the account in the table having its date at the *top* of the page, and set down the interest in dollars, cents and mills. Add 2 ciphers to the sum of the interest and divide by the amount of the account, until there are 3 places of decimals in the quotient. The result of this division will be found opposite 100, in the interest column having the average date at its head.

EXAMPLE.

When does the following account mature?

Feb. 23d, $970	Under Feb. 23d, opp.	900 is	1.35.0
" " "	" " " "	70 "	.10.5
July 17th, 430	" July 17th, "	400 "	2.20 0
" " "	" " " "	30 "	.16.5
Oct. 31st, 600	" Oct. 31st, "	600 "	5.06.7

$2000   8.88.7÷2000=.444

which is found opposite 100, under date of June 9th, the average date.

NOTE.—When the exact amount of the account can be found in the column headed "Principal," no division is necessary. In such cases, look for the sum of the interest, opposite the amount of the account, and above it will be found the average date.

Thus, 8.88.9 (the nearest approximate sum to 8.88.7) is found opposite 2000, under date of June 9th.

When the account runs through parts of two years; or between July 1st, in one year, and June 30th, in the next year.

Find the interest on each item of the account in the Table having its date at the *bottom of the page*. Divide the sum of the interest by the amount of the account, and find the quotient opposite 100 in the Column of interest *over* the average date, at *the bottom of the page.*

EXAMPLE.

1871.
Nov. 25, $300   Over Nov. 25 at foot of page, opp. 300, is 1.23.3
1872.
May 13, 700   " May 13 " " " ." 700, " 6.16.4

$1000   7.39.7
7.39.7 ÷ 1000=739

which is found in the interest column, opposite 100, *over* March 23d, the average date, at the *foot* of the page.

Or, without division, 7.38,9 (the nearest approximate sum to 7.39,7) is found opposite 1000 in the column having March 23d at its foot.

When the account runs through several years; or when more than one year intervenes between the first and last items.

Find the interest on each item, under its date, at the *top* of the page, and to the interest *on the items which overrun one year, and for each year of such excess*, add 365 days interest on such items. Divide the sum of the interest by the amount of the account, and if the quotient exceeds the interest on $100 for 365 days, subtract the interest on $100 for 365 days from such quotient, and find the *remainder* opposite 100 under the average date, which will be in the 2d, 3d, &c. years, according to the amount of the excess of such quotient over the interest on $100 for 365 days.

EXAMPLE.

1871.
March 4th, $300 Under March 4th, opp. $300 is   .525
1873.
April 5th, 700   "   April 5th, "   700 " 1.847
Interest on $700 for 365 days, 7.097 × 2 = 14.194
───────
16.566

16.5600 ÷ 1000 = 1.656 − 1.014 = ..642

Which is found under date of August 19th, of the second year (1872).

It is evident that the average date of the above account is not in the year 1871, as under date of Dec. 31st, (365 days) $100. earns only $1.014. The *excess*, .642 carries the average date forward to Aug. 19th, in the next year.

When sales are made on different terms of credit, and when there are items of debit and credit.

EXAMPLE IN COMPOUND AVERAGE.

When is the balance of the following account due:

Dr.			Cr.
1871.		1871.	
May 5th To Mdse. 60 days,	500	May 10th By note, 60 days,	200
Aug. 17th " Cash,	300	July 15th " Cash,	100
	800		300
	300		
	500	balance of account.	

Under July 4th, (*due date*)   Under July 9th, (*due date*)
       opposite 500 is 2.569   opposite 200 is 1.056
" Aug. 17th, " 300 " 1.908   " July 15th, " 100 " .544
           4.477   1.600
     4.477 — 1.60 = 2.877 ÷ 500 = .575.

which is found opposite 100 under July 26th, the average date.

Or, without division, opposite 500, is found 2.875 (the nearest approximate sum to 2.877) under July 26th, the average date.

As this account runs through one year only, or between January 1st and December 31st, find the interest on each item *under* its date (*due* date) at *top* of page; subtract the lesser from the greater side of the account; divide the *balance* of interest by the *balance* of the account; and the quotient will be found opposite 100, under the average date.

To Compute Time by the Tables.

At the head of the pages, the days throughout the year are numbered from January 1st to December 31st inclusive, and at the foot of the pages from July 1st in one year to June 30th in the next year.

Hence, To find the time between two dates in one year.

Subtract the number of days of the first date from the number of days of the last date.

How many days from March 4th to July 4th?
July 4th, is the 185th, day of the year.
Mch. 3d, "   "   63d, "   "   "   "

By Subtraction, 122 = number of days intervening.

When the first date is in one year, and the last date in the next year,

Use the dates at the bottom of the page, and proceed as before.

To find the date of maturity of a note.

Find the number of days of the date of the note, and add to it the number of days, including grace, the note has to run; the sum will be the number of the day of maturity.

When will a note at 90 days from Nov. 26th, mature?

Nov. 26th, is at foot of column headed 149 days,
    Add (including grace)   93

Feb. 27th, the due date, is found at foot
    of Column headed   242 days.

ABBREVIATED METHOD OF COMPUTING INTEREST AT DIFFERENT RATES.

The interest on any sum for one day, at six per cent., is equivalent to the interest on the same sum, for six days, at one per cent.; for one day, at 7 per cent., to 7 days at one per cent., &c.

Again, the interest on one dollar, at 7 per cent., is equivalent to the interest on $7 at one per cent., for the same time; on one dollar at 6 per cent., to $6, at one per cent., &c.

Hence the interest on any sum, at any rate per cent., can be ascertained by multiplying the *time*, or the *principal* by the rate per cent., and finding the interest at one per cent., for the time, or on the principal, indicated by the product.

EXAMPLES.

1. Required, the interest on $7000 for 40 days, at 7 per cent.
$40 \times 7 = 280.$
In column of 280 days, opposite 7000, is found $54.44. *Ans.*

2. What is the interest on $1000 for 40 days, at 6 per cent?
$1000 \times 6 = 6000$
In column of 40 days, opposite 6000, is found $6.67. *Ans.*

Again, as the interest on 1 dollar for 2 days, is equivalent to the interest on $2 for 1 day; on 3 dollars for 6 days, to $6 for 3 days, &c., the interest on any amount under $365, or under $3650, in multiples of 10, may be found at a glance, by substituting dollars for days, and days for dollars.

EXAMPLES.

1. What is the interest on $248, for 90 days, at 10 per cent?
Turn to column of days 248, and opposite 90 is found $6.20. *Ans.*

2. What is the interest on $2860, for 20 days at 10 per cent.?
Turn to column of days 286, and opposite 200 is found $15.89. *Ans.*

As the above rules are correlative, the intelligent accountant will readily perceive that their application to the Tables will enable him to compute interest on all sums, at all rates, with as much accuracy and dispatch as is attainable by the use of much more cumbrous and expensive works.

Principal.	Jan. 1. 1 Day.			Jan. 2. 2 Days.			Jan. 3. 3 Days.			Jan. 4. 4 Days.			Jan. 5. 5 Days.		
$	$	c	m	$	c	m	$	c	m	$	c	m	$	c	m
10,000		.27	8		.55	6		.83	3	1.11		1	1.38		9
9,000		.25	0		.50	0		.75	0	1.00		0	1.25		0
8,000		.22	2		.44	4		.66	7		.88	9	1.11		1
7,000		.19	4		.38	9		.58	3		.77	8		.97	2
6,000		.16	7		.33	3		.50	0		.66	7		.83	3
5,000		.13	9		.27	8		.41	7		.55	6		.69	4
4,000		.11	1		.22	2		.33	3		.44	4		.55	6
3,000		.08	3		.16	7		.25	0		.33	3		.41	7
2,000		.05	6		.11	1		.16	7		.22	2		.27	8
1,000		.02	8		.05	6		.08	3		.11	1		.13	9
900		.02	5		.05	0		.07	5		.10	0		.12	5
800		.02	2		.04	4		.06	7		.08	9		.11	1
700		.01	9		.03	9		.05	8		.07	8		.09	7
600		.01	7		.03	3		.05	0		.06	7		.08	3
500		.01	4		.02	8		.04	2		.05	6		.06	9
400		.01	1		.02	2		.03	3		.04	4		.05	6
300		.00	8		.01	7		.02	5		.03	3		.04	2
200		.00	6		.01	1		.01	7		.02	2		.02	8
100		.00	3		.00	6		.00	8		.01	1		.01	4
90		.00	3		.00	5		.00	8		.01	0		.01	3
80		.00	2		.00	4		.00	7		.00	9		.01	1
70		.00	2		.00	4		.00	6		.00	8		.01	0
60		.00	2		.00	3		.00	5		.00	7		.00	8
50		.00	1		.00	3		.00	4		.00	6		.00	7
40		.00	1		.00	2		.00	3		.00	4		.00	6
30		.00	1		.00	2		.00	3		.00	3		.00	4
20		.00	1		.00	1		.00	2		.00	2		.00	3
10		.00	0		.00	1		.00	1		.00	1		.00	1
9		.00	0		.00	0		.00	1		.00	1		.00	1
8		.00	0		.00	0		.00	1		.00	1		.00	1
7		.00	0		.00	0		.00	1		.00	1		.00	1
6		.00	0		.00	0		.00	1		.00	1		.00	1
5		.00	0		.00	0		.00	0		.00	1		.00	1
4		.00	0		.00	0		.00	0		.00	0		.00	1
3		.00	0		.00	0		.00	0		.00	0		.00	0
2		.00	0		.00	0		.00	0		.00	0		.00	0
1		.00	0		.00	0		.00	0		.00	0		.00	0
	July 1.			July 2.			July 3.			July 4.			July 5.		

Principal.	Jan. 6. 6 Days.		Jan. 7. 7 Days.		Jan. 8. 8 Days.		Jan. 9. 9 Days.		Jan. 10. 10 Days.	
$	$ c	m	$ c	m	$ c	m	$ c	m	$ c	m
10,000	1.66	7	1.94	4	2.22	2	2.50	0	2.77	8
9,000	1.50	0	1.75	0	2.00	0	2.25	0	2.50	0
8,000	1.33	3	1.55	6	1.77	8	2.00	0	2.22	2
7,000	1.16	7	1.36	1	1.55	6	1.75	0	1.94	4
6,000	1.00	0	1.16	7	1.33	3	1.50	0	1.66	7
5,000	.83	3	.97	2	1.11	1	1.25	0	1.38	9
4,000	.66	7	.77	8	.88	9	1.00	0	1.11	1
3,000	.50	0	.58	3	.66	7	.75	0	.83	3
2,000	.33	3	.38	9	.44	4	.50	0	.55	6
1,000	.16	7	.19	4	.22	2	.25	0	.27	8
900	.15	0	.17	5	.20	0	.22	5	.25	0
800	.13	3	.15	6	.17	8	.20	0	.22	2
700	.11	7	.13	6	.15	6	.17	5	.19	4
600	.10	0	.11	7	.13	3	.15	0	.16	7
500	.08	3	.09	7	.11	1	.12	5	.13	9
400	.06	7	.07	8	.08	9	.10	0	.11	1
300	.05	0	.05	8	.06	7	.07	5	.08	3
200	.03	3	.03	9	.04	4	.05	0	.05	6
100	.01	7	.01	9	.02	2	.02	5	.02	8
90	.01	5	.01	8	.02	0	.02	3	.02	5
80	.01	3	.01	6	.01	8	.02	0	.02	2
70	.01	2	.01	4	.01	6	.01	8	.01	9
60	.01	0	.01	2	.01	3	.01	5	.01	7
50	.00	8	.01	0	.01	1	.01	3	.01	4
40	.00	7	.00	8	.00	9	.01	0	.01	1
30	.00	5	.00	6	.00	7	.00	8	.00	8
20	.00	3	.00	4	.00	4	.00	5	.00	6
10	.00	2	.00	2	.00	2	.00	3	.00	3
9	.00	2	.00	2	.00	2	.00	2	.00	3
8	.00	1	.00	2	.00	2	.00	2	.00	2
7	.00	1	.00	1	.00	2	.00	2	.00	2
6	.00	1	.00	1	.00	1	.00	2	.00	2
5	.00	1	.00	1	.00	1	.00	1	.00	1
4	.00	1	.00	1	.00	1	.00	1	.00	1
3	.00	1	.00	1	.00	1	.00	1	.00	1
2		0		0		0	.00	1	.00	1
1		0		0		0	.00	0	.00	0
	July 6.		July 7.		July 8.		July 9.		July 10.	

15

Principal	Jan. 11.		Jan. 12.		Jan. 13.		Jan 14.		Jan. 15.	
	11 Days.		12 Days.		13 Days.		14 Days.		15 Days.	
$	$ c	m	$ c	m	$ c	m	$ c	m	$ c	m
10,000	3.05	6	3.33	3	3.61	1	3.88	9	4.16	7
9,000	2.75	0	3.00	0	3.25	0	3.50	0	3.75	0
8,000	2.44	4	2.66	7	2.88	9	3.11	1	3.33	3
7,000	2.13	9	2.33	3	2.52	8	2.72	2	2.91	7
6,000	1.83	3	2.00	0	2.16	7	2.33	3	2.50	0
5,000	1.52	8	1.66	7	1.80	6	1.94	4	2.08	3
4,000	1.22	2	1.33	3	1.44	4	1.55	6	1.66	7
3,000	.91	7	1.00	0	1.08	3	1.16	7	1.25	0
2,000	.61	1	.66	7	.72	2	.77	8	.83	3
1,000	.30	6	.33	3	.36	1	.38	9	.41	7
900	.27	5	.30	0	.32	5	.35	0	.37	5
800	.24	4	.26	7	.28	9	.31	1	.33	3
700	.21	4	.23	3	.25	3	.27	2	.29	2
600	.18	3	.20	0	.21	7	.23	3	.25	0
500	.15	3	.16	7	.18	1	.19	4	.20	8
400	.12	2	.13	3	.14	4	.15	6	.16	7
300	.09	2	.10	0	.10	8	.11	7	.12	5
200	.06	1	.06	7	.07	2	.07	8	.08	3
100	.03	1	.03	3	.03	6	.03	9	.04	2
90	.02	8	.03	0	.03	3	.03	5	.03	8
80	.02	4	.02	7	.02	9	.03	1	.03	3
70	.02	1	.02	3	.02	5	.02	7	.02	9
60	.01	8	.02	0	.02	2	.02	3	.02	5
50	.01	5	.01	7	.01	8	.01	9	.02	1
40	.01	2	.01	3	.01	4	.01	6	.01	7
30	.00	9	.01	0	.01	1	.01	2	.01	3
20	.00	6	.00	7	.00	7	.00	8	.00	8
10	.00	3	.00	3	.00	4	.00	4	.00	4
9	.00	3	.00	3	.00	3	.00	4	.00	4
8	.00	2	.00	3	.00	3	.00	3	.00	3
7	.00	2	.00	2	.00	3	.00	3	.00	3
6	.00	2	.00	2	.00	2	.00	2	.00	3
5	.00	2	.00	2	.00	2	.00	2	.00	2
4	.00	1	.00	1	.00	1	.00	2	.00	2
3	.00	1	.00	1	.00	1	.00	1	.00	1
2	.00	1	.00	1	.00	1	.00	1	.00	1
1	.00	0	.00	0	.00	0	.00	0		0
	July 11.		July 12.		July 13.		July 14.		July 15.	

Principal.	Jan. 16. 16 Days.	Jan. 17. 17 Days.	Jan. 18. 18 Days.	Jan. 19. 19 Days.	Jan. 20. 20 Days.
$	$ c m	$ c m	$ c m	$ c m	$ c m
10,000	4.44 4	4.72 2	5.00 0	5.27 8	5.55 6
9,000	4.00 0	4.25 0	4.50 0	4.75 0	5.00 0
8,000	3.55 6	3.77 8	4.00 0	4.22 2	4.44 4
7,000	3.11 1	3.30 6	3.50 0	3.69 4	3.88 9
6,000	2.66 7	2.83 3	3.00 0	3.16 7	3.33 3
5,000	2.22 2	2.36 1	2.50 0	2.63 9	2.77 8
4,000	1.77 8	1.88 9	2.00 0	2.11 1	2.22 2
3,000	1.33 3	1.41 7	1.50 0	1.58 3	1.66 7
2,000	.88 9	.94 4	1.00 0	1.05 6	1.11 1
1,000	.44 4	.47 2	.50 0	.52 8	.55 6
900	.40 0	.42 5	.45 0	.47 5	.50 0
800	.35 6	.37 8	.40 0	.42 2	.44 4
700	.31 1	.33 1	.35 0	.36 9	.38 9
600	.26 7	.28 3	.30 0	.31 7	.33 3
500	.22 2	.23 6	.25 0	.26 4	.27 8
400	.17 8	.18 9	.20 0	.21 1	.22 2
300	.13 3	.14 2	.15 0	.15 8	.16 7
200	.08 9	.09 4	.10 0	.10 6	.11 1
100	.04 4	.04 7	.05 0	.05 3	.05 6
90	.04 0	.04 3	.04 5	.04 8	.05 0
80	.03 6	.03 8	.04 0	.04 2	.04 4
70	.03 1	.03 3	.03 5	.03 7	.03 9
60	.02 7	.02 8	.03 0	.03 2	.03 3
50	.02 2	.02 4	.02 5	.02 6	.02 8
40	.01 8	.01 9	.02 0	.02 1	.02 2
30	.01 3	.01 4	.01 5	.01 6	.01 7
20	.00 9	.00 9	.01 0	.01 1	.01 1
10	.00 4	.00 5	.00 5	.00 5	.00 6
9	.00 4	.00 4	.00 5	.00 5	.00 5
8	.00 4	.00 4	.00 4	.00 4	.00 4
7	.00 3	.00 3	.00 4	.00 4	.00 4
6	.00 3	.00 3	.00 3	.00 3	.00 3
5	.00 2	.00 2	.00 3	.00 3	.00 3
4	.00 2	.00 2	.00 2	.00 2	.00 2
3	.00 1	.00 1	.00 2	.00 2	.00 2
2	.00 1	.00 1	.00 1	.00 1	.00 1
1	0	0	.00 1	.00 1	.00 1
	July 16.	July 17.	July 18.	July 19.	July 20.

Principal.	Jan. 21.	Jan. 22.	Jan. 23.	Jan. 24.	Jan. 25.
	21 Days.	22 Days.	23 Days.	24 Days.	25 Days.
$	$ c m	$ c m	$ c m	$ c m	$ c m
10,000	5.83 3	6.11 1	6.38 9	6.66 7	6.94 4
9,000	5.25 0	5.50 0	5.75 0	6.00 0	6.25 0
8,000	4.66 7	4.88 9	5.11 1	5.33 3	5.55 6
7,000	4.08 3	4.27 8	4.47 2	4.66 7	4.86 1
6,000	3.50 0	3.66 7	3.83 3	4.00 0	4.16 7
5,000	2.91 7	3.05 6	3.19 4	3.33 3	3.47 2
4,000	2.33 3	2.44 4	2.55 6	2.66 7	2.77 8
3,000	1.75 0	1.83 3	1.91 7	2.00 0	2.08 3
2,000	1.16 7	1.22 2	1.27 8	1.33 3	1.38 9
1,000	.58 3	.61 1	.63 9	.66 7	.69 4
900	.52 5	.55 0	.57 5	.60 0	.62 5
800	.46 7	.48 9	.51 1	.53 3	.55 6
700	.40 8	.42 8	.44 7	.46 7	.48 6
600	.35 0	.36 7	.38 3	.40 0	.41 7
500	.29 2	.30 6	.31 9	.33 3	.34 7
400	.23 3	.24 4	.25 6	.26 7	.27 8
300	.17 5	.18 3	.19 2	.20 0	.20 8
200	.11 7	.12 2	.12 8	.13 3	.13 9
100	.05 8	.06 1	.06 4	.06 7	.06 9
90	.05 3	.05 5	.05 8	.06 0	.06 3
80	.04 7	.04 9	.05 1	.05 3	.05 6
70	.04 1	.04 3	.04 5	.04 7	.04 9
60	.03 5	.03 7	.03 8	.04 0	.04 2
50	.02 9	.03 1	.03 2	.03 3	.03 5
40	.02 3	.02 4	.02 6	.02 7	.02 8
30	.01 8	.01 8	.01 9	.02 0	.02 1
20	.01 2	.01 2	.01 3	.01 3	.01 4
10	.00 6	.00 6	.00 6	.00 7	.00 7
9	.00 5	.00 6	.00 6	.00 6	.00 6
8	.00 5	.00 5	.00 5	.00 5	.00 6
7	.00 4	.00 4	.00 4	.00 5	.00 5
6	.00 4	.00 4	.00 4	.00 4	.00 4
5	.00 3	.00 3	.00 3	.00 3	.00 3
4	.00 2	.00 2	.00 3	.00 3	.00 3
3	.00 2	.00 2	.00 2	.00 2	.00 2
2	.00 1	.00 1	.00 1	.00 1	.00 1
1	.00 1	.00 1	.00 1	.00 1	.00 1
	July 21.	July 22.	July 23.	July 24.	July 25.

Principal.	Jan. 26. 26 Days.			Jan. 27. 27 Days.			Jan. 28. 28 Days.			Jan. 29. 29 Days.			Jan. 30. 30 Days.		
$	$	c	m	$	c	m	$	c	m	$	c	m	$	c	m
10,000	7	.22	2	7	.50	0	7	.77	8	8	.05	6	8	.33	3
9,000	6	.50	0	6	.75	0	7	.00	0	7	.25	0	7	.50	0
8,000	5	.77	8	6	.00	0	6	.22	2	6	.44	4	6	.66	7
7,000	5	.05	6	5	.25	0	5	.44	4	5	.63	9	5	.83	3
6,000	4	.33	3	4	.50	0	4	.66	7	4	.83	3	5	.00	0
5,000	3	.61	1	3	.75	0	3	.88	9	4	.02	8	4	.16	7
4,000	2	.88	9	3	.00	0	3	.11	1	3	.22	2	3	.33	3
3,000	2	.16	7	2	.25	0	2	.33	3	2	.41	7	2	.50	0
2,000	1	.44	4	1	.50	0	1	.55	6	1	.61	1	1	.66	7
1,000		.72	2		.75	0		.77	8		.80	6		.83	3
900		.65	0		.67	5		.70	0		.72	5		.75	0
800		.57	8		.60	0		.62	2		.64	4		.66	7
700		.50	6		.52	5		.54	4		.56	4		.58	3
600		.43	3		.45	0		.46	7		.48	3		.50	0
500		.36	1		.37	5		.38	9		.40	3		.41	7
400		.28	9		.30	0		.31	1		.32	2		.33	3
300		.21	7		.22	5		.23	3		.24	2		.25	0
200		.14	4		.15	0		.15	6		.16	1		.16	7
100		.07	2		.07	5		.07	8		.08	1		.08	3
90		.06	5		.06	8		.07	0		.07	3		.07	5
80		.05	8		.06	0		.06	2		.06	4		.06	7
70		.05	1		.05	3		.05	4		.05	6		.05	8
60		.04	3		.04	5		.04	7		.04	8		.05	0
50		.03	6		.03	8		.03	9		.04	0		.04	2
40		.02	9		.03	0		.03	1		.03	2		.03	3
30		.02	2		.02	3		.02	3		.02	4		.02	5
20		.01	4		.01	5		.01	6		.01	6		.01	7
10		.00	7		.00	8		.00	8		.00	8		.00	8
9		.00	7		.00	7		.00	7		.00	7		.00	8
8		.00	6		.00	6		.00	6		.00	6		.00	7
7		.00	5		.00	5		.00	5		.00	6		.00	6
6		.00	4		.00	5		.00	5		.00	5		.00	5
5		.00	4		.00	4		.00	4		.00	4		.00	4
4		.00	3		.00	3		.00	3		.00	3		.00	3
3		.00	2		.00	2		.00	2		.00	2		.00	3
2		.00	1		.00	2		.00	2		.00	2		.00	2
1		.00	1		.00	1		.00	1		.00	1		.00	1
	July 26.			July 27.			July 28.			July 29.			July 30.		

35

Principal.	Jan. 31. 31 Days.		Feb. 1. 32 Days.		Feb. 2. 33 Days.		Feb. 3. 34 Days.		Feb. 4. 35 Days.		Feb. 30.
$	$ c	m	$ c	m	$ c	m	$ c	m	$ c	m	
10,000	8.61	1	8.88	9	9.16	7	9.44	4	9.72	2	
9,000	7.75	0	8.00	0	8.25	0	8.50	0	8.75	0	
8,000	6.88	9	7.11	1	7.33	3	7.55	6	7.77	8	
7,000	6.02	8	6.22	2	6.41	7	6.61	1	6.80	6	
6,000	5.16	7	5.33	3	5.50	0	5.66	7	5.83	3	
5,000	4.30	6	4.44	4	4.58	3	4.72	2	4.86	1	
4,000	3.44	4	3.55	6	3.66	7	3.77	8	3.88	9	
3,000	2.58	3	2.66	7	2.75	0	2.83	3	2.91	7	
2,000	1.72	2	1.77	8	1.83	3	1.88	9	1.94	4	
1,000	.86	1	.88	9	.91	7	.94	4	.97	2	
900	.77	5	.80	0	.82	5	.85	0	.87	5	
800	.68	9	.71	1	.73	3	.75	6	.77	8	
700	.60	3	.62	2	.64	2	.66	1	.68	1	
600	.51	7	.53	3	.55	0	.56	7	.58	3	
500	.43	1	.44	4	.45	8	.47	2	.48	6	
400	.34	4	.35	6	.36	7	.37	8	.38	9	
300	.25	8	.26	7	.27	5	.28	3	.29	2	
200	.17	2	.17	8	.18	3	.18	9	.19	4	
100	.08	6	.08	9	.09	2	.09	4	.09	7	
90	.07	8	.08	0	.08	3	.08	5	.08	8	
80	.06	9	.07	1	.07	3	.07	6	.07	8	
70	.06	0	.06	2	.06	4	.06	6	.06	8	
60	.05	2	.05	3	.05	5	.05	7	.05	8	
50	.04	3	.04	4	.04	6	.04	7	.04	9	
40	.03	4	.03	6	.03	7	.03	8	.03	9	
30	.02	6	.02	7	.02	8	.02	8	.02	9	
20	.01	7	.01	8	.01	8	.01	9	.01	9	
10	.00	9	.00	9	.00	9	.00	9	.01	0	
9	.00	8	.00	8	.00	8	.00	9	.00	9	
8	.00	7	.00	7	.00	7	.00	8	.00	8	
7	.00	6	.00	6	.00	6	.00	7	.00	7	
6	.00	5	.00	5	.00	6	.00	6	.00	6	
5	.00	4	.00	4	.00	5	.00	5	.00	5	
4	.00	3	.00	4	.00	4	.00	4	.00	4	
3	.00	3	.00	3	.00	3	.00	3	.00	3	
2	.00	2	.00	2	.00	2	.00	2	.00	2	
1	.00	1	.00	1	.00	1	.00	1	.00	1	
	July 31.		Aug. 1.		Aug. 2.		Aug. 3.		Aug. 4.		

Principal.	Feb. 5. 36 Days.		Feb. 6. 37 Days.		Feb. 7. 38 Days.		Feb. 8. 39 Days.		Feb. 9. 40 Days.	
$	$ c	m	$ c	m	$ c	m	$ c	m	$	m
10,000	10.00	0	10.27	8	10.55	6	10.83	3	11.11	1
9,000	9.00	0	9.25	0	9.50	0	9.75	0	10.00	0
8,000	8.00	0	8.22	2	8.44	4	8.66	7	8.88	9
7,000	7.00	0	7.19	4	7.38	9	7.58	3	7.77	8
6,000	6.00	0	6.16	7	6.33	3	6.50	0	6.66	7
5,000	5.00	0	5.13	9	5.27	8	5.41	7	5.55	6
4,000	4.00	0	4.11	1	4.22	2	4.33	3	4.44	4
3,000	3.00	0	3.08	3	3.16	7	3.25	0	3.33	3
2,000	2.00	0	2.05	6	2.11	1	2.16	7	2.22	2
1,000	1.00	0	1.02	8	1.05	6	1.08	3	1,11	1
900	.90	0	.92	5	.95	0	.97	5	1.00	0
800	.80	0	.82	2	.84	4	.86	7	.88	9
700	.70	0	.71	9	.73	9	.75	8	.77	8
600	.60	0	.61	7	.63	3	.65	0	.66	7
500	.50	0	.51	4	.52	8	.54	2	.55	6
400	.40	0	.41	1	.42	2	.43	3	.44	4
300	.30	0	.30	8	.31	7	.32	5	.33	3
200	.20	0	.20	6	.21	1	.21	7	.22	2
100	.10	0	.10	3	.10	6	.10	8	.11	1
90	.09	0	.09	3	.09	5	.09	8	.10	0
80	.08	0	.08	2	.08	4	.08	7	.08	9
70	.07	0	.07	2	.07	4	.07	6	.07	8
60	.06	0	.06	2	.06	3	.06	5	.06	7
50	.05	0	.05	1	.05	3	.05	4	.05	6
40	.04	0	.04	1	.04	2	.04	3	.04	4
30	.03	0	.03	1	.03	2	.03	3	.03	3
20	.02	0	.02	1	.02	1	.02	2	.02	2
10	.01	0	.01	0	.01	1	.01	1	.01	1
9	.00	9	.00	9	.01	0	.01	0	.01	0
8	.00	8	.00	8	.00	8	.00	9	.00	9
7	.00	7	.00	7	.00	7	.00	8	.00	8
6	.00	6	.00	6	.00	6	.00	7	.00	7
5	.00	5	.00	5	.00	5	.00	5	.00	6
4	.00	4	.00	4	.00	4	.00	4	.00	4
3	.00	3	.00	3	.00	3	.00	3	.00	3
2	.00	2	.00	2	.00	2	.00	2	.00	2
1	.00	1	.00	1	.00	1	.00	1	.00	1
	Aug. 5.		Aug. 6.		Aug. 7.		Aug. 8.		Aug. 9.	

Principal.	Feb. 10. 41 Days.			Feb. 11. 42 Days.			Feb. 12. 43 Days.			Feb. 13. 44 Days.			Feb. 14. 45 Days.		
$	$	c	m	$	c	m	$	c	m	$	c	m	$	c	m
10,000	11.38		9	11.66		7	11.94		4	12.22		2	12.50		0
9,000	10.25		0	10.50		0	10.75		0	11.00		0	11.25		0
8,000	9.11		1	9.33		3	9.55		6	9.77		8	10.00		0
7,000	7.97		2	8.16		7	8.36		1	8.55		6	8.75		0
6,000	6.83		3	7.00		0	7.16		7	7.33		3	7.50		0
5,000	5.69		4	5.83		3	5.97		2	6.11		1	6.25		0
4,000	4.55		6	4.66		7	4.77		8	4.88		9	5.00		0
3,000	3.41		7	3.50		0	3.58		3	3.66		7	3.75		0
2,000	2.27		8	2.33		3	2.38		9	2.44		4	2.50		0
1,000	1.13		9	1.16		7	1.19		4	1.22		2	1.25		0
900	1.02		5	1.05		0	1.07		5	1.10		0	1.12		5
800	.91		1	.93		3	.95		6	.97		8	1.00		0
700	.79		7	.81		7	.83		6	.85		6	.87		5
600	.68		3	.70		0	.71		7	.73		3	.75		0
500	.56		9	.58		3	.59		7	.61		1	.62		5
400	.45		6	.46		7	.47		8	.48		9	.50		0
300	.34		2	.35		0	.35		8	.36		7	.37		5
200	.22		8	.23		3	.23		9	.24		4	.25		0
100	.11		4	.11		7	.11		9	.12		2	.12		5
90	.10		3	.10		5	.10		8	.11		0	.11		3
80	.09		1	.09		3	.09		6	.09		8	.10		0
70	.08		0	.08		2	.08		4	.08		6	.08		8
60	.06		8	.07		0	.07		2	.07		3	.07		5
50	.05		7	.05		8	.06		0	.06		1	.06		3
40	.04		6	.04		7	.04		8	.04		9	.05		0
30	.03		4	.03		5	.03		6	.03		7	.03		8
20	.02		3	.02		3	.02		4	.02		4	.02		5
10	.01		1	.01		2	.01		2	.01		2	.01		3
9	.01		0	.01		1	.01		1	.01		1	.01		1
8	.00		9	.00		9	.01		0	.01		0	.01		0
7	.00		8	.00		8	.00		8	.00		9	.00		9
6	.00		7	.00		7	.00		7	.00		7	.00		8
5	.00		6	.00		6	.00		6	.00		6	.00		6
4	.00		5	.00		5	.00		5	.00		5	.00		5
3	.00		3	.00		4	.00		4	.00		4	.00		4
2	.00		2	.00		2	.00		2	.00		2	.00		3
1	.00		1	.00		1	.00		1	.00		1	.00		1

Aug. 10.   Aug. 11.   Aug. 12.   Aug. 13.   Aug. 14.

Principal	Feb. 15. 46 Days.		Feb. 16. 47 Days.		Feb. 17. 48 Days.		Feb. 18. 49 Days.		Feb. 19. 50 Days.	
$	$ c	m	$ c	m	$ c	m	$ c	m	$ c	m
10,000	12.77	8	13.05	6	13.33	3	13.61	1	13.88	9
9,000	11.50	0	11.75	0	12.00	0	12.25	0	12.50	0
8,000	10.22	2	10.44	4	10.66	7	10.88	9	11.11	1
7,000	8.94	4	9.13	9	9.33	3	9.52	8	9.72	2
6,000	7.66	7	7.83	3	8.00	0	8.16	7	8.33	3
5,000	6.38	9	6.52	8	6.66	7	6.80	6	6.94	4
4,000	5.11	1	5.22	2	5.33	3	5.44	4	5.55	6
3,000	3.83	3	3.91	7	4.00	0	4.08	3	4.16	7
2,000	2.55	6	2.61	1	2.66	7	2.72	2	2.77	8
1,000	1.27	8	1.30	6	1.33	3	1.36	1	1.38	9
900	1.15	0	1.17	5	1.20	0	1.22	5	1.25	0
800	1.02	2	1.04	4	1.06	7	1.08	9	1.11	1
700	.89	4	.91	4	.93	3	.95	3	.97	2
600	.76	7	.78	3	.80	0	.81	7	.83	3
500	.63	9	.65	3	.66	7	.68	1	.69	4
400	.51	1	.52	2	.53	3	.54	4	.55	6
300	.38	3	.39	2	.40	0	.40	8	.41	7
200	.25	6	.26	1	.26	7	.27	2	.27	8
100	.12	8	.13	1	.13	3	.13	6	.13	9
90	.11	5	.11	8	.12	0	.12	3	.12	5
80	.10	2	.10	4	.10	7	.10	9	.11	1
70	.08	9	.09	1	.09	3	.09	5	.09	7
60	.07	7	.07	8	.08	0	.08	2	.08	3
50	.06	4	.06	5	.06	7	.06	8	.06	9
40	.05	1	.05	2	.05	3	.05	4	.05	6
30	.03	8	.03	9	.04	0	.04	1	.04	2
20	.02	6	.02	6	.02	7	.02	7	.02	8
10	.01	3	.01	3	.01	3	.01	4	.01	4
9	.01	2	.01	2	.01	2	.01	2	.01	3
8	.01	0	.01	0	.01	1	.01	1	.01	1
7	.00	9	.00	9	.00	9	.01	0	.01	0
6	.00	8	.00	8	.00	8	.00	8	.00	8
5	.00	6	.00	7	.00	7	.00	7	.00	7
4	.00	5	.00	5	.00	5	.00	5	.00	6
3	.00	4	.00	4	.00	4	.00	4	.00	4
2	.00	3	.00	3	.00	3	.00	3	.00	3
1	.00	1	.00	1	.00	1	.00	1	.00	1
	Aug. 15.		Aug. 16.		Aug. 17.		Aug. 18.		Aug. 19.	

55

Principal.	Feb. 20. 51 Days.		Feb. 21. 52 Days.		Feb. 22. 53 Days.		Feb. 23 54 Days.		Feb. 24 55 Days	
$	$ c	m	$ c	m	$ c	m	$ c	m	$ c	m
10,000	14.16	7	14.44	4	14.72	2	15.00	0	15.27	8
9,000	12.75	0	13.00	0	13.25	0	13.50	0	13.75	0
8,000	11.33	3	11.55	6	11.77	8	12.00	0	12.22	2
7,000	9.91	7	10.11	1	10.30	6	10.50	0	10.69	4
6,000	8.50	0	8.66	7	8.83	3	9.00	0	9.16	7
5,000	7.08	3	7.22	2	7.36	1	7.50	0	7.63	9
4,000	5.66	7	5.77	8	5.88	9	6.00	0	6.11	1
3,000	4.25	0	4.33	3	4.41	7	4.50	0	4.58	3
2,000	2.83	3	2.88	9	2.94	4	3.00	0	3.05	6
1,000	1.41	7	1.44	4	1,47	2	1.50	0	1,52	8
900	1.27	5	1.30	0	1,32	5	1.35	0	1.37	5
800	1.13	3	1.15	6	1.17	8	1.20	0	1.22	2
700	.99	2	1.01	1	1.03	1	1.05	0	1.06	9
600	.85	0	.86	7	.88	3	.90	0	.91	7
500	.70	8	.72	2	,73	6	.75	0	.76	4
400	.56	7	.57	8	.58	9	.60	0	.61	1
300	.42	5	.43	3	.44	2	.45	0	,45	8
200	.28	3	.28	9	.29	4	.30	0	.30	6
100	,14	2	.14	4	,14	7	.15	0	,15	3
90	.12	8	.13	0	,13	3	.13	5	,13	8
80	.11	3	.11	6	,11	8	.12	0	,12	2
70	.09	9	.10	1	,10	3	.10	5	,10	7
60	.08	5	.08	7	.08	8	.09	0	,09	2
50	.07	1	.07	2	.07	4	.07	5	.07	6
40	.05	7	.05	8	.05	9	.06	0	.06	1
30	,04	3	.04	3	,04	4	.04	5	,04	6
20	.02	8	.02	9	.02	9	.03	0	.03	1
10	.01	4	,01	4	,01	5	.01	5	.01	5
9	.01	3	,01	3	,01	3	.01	4	,01	4
8	.01	1	,01	2	,01	2	.01	2	,01	2
7	.01	0	,01	0	.01	0	.01	1	,01	1
6	.00	9	,00	9	.00	9	.00	9	,00	9
5	.00	7	.00	7	.00	7	.00	8	,00	8
4	.00	6	.00	6	.00	6	.00	6	.00	6
3	.00	4	.00	4	.00	4	.00	5	.00	5
2	.00	3	.00	3	.00	3	.00	3	.00	3
1	.00	1	.00	1	.00	1	.00	2	.00	2

Aug. 20. Aug. 21. Aug. 22. Aug. 23. Aug 24,

60

Principal	Feb. 25. 56 Days.	Feb. 26. 57 Days.	Feb 27. 58 Days.	Feb. 28. 59 Days.	Mch. 1. 60 Days.
$	$ c m	$ c m	$ c m	$ c m	$ c m
10,000	15.55 6	15.83 3	16.11 1	16.38 9	16.66 7
9,000	14.00 0	14.25 0	14.50 0	14.75 0	15.00 0
8,000	12.44 4	12.66 7	12.88 9	13.11 1	13.33 3
7,000	10.88 9	11.08 3	11.27 8	11.47 2	11.66 7
6,000	9.33 3	9.50 0	9.66 7	9.83 3	10.00 0
5,000	7.77 8	7.91 7	8.05 6	8.19 4	8.33 3
4,000	6.22 2	6.33 3	6.44 4	6.55 6	6.66 7
3,000	4.66 7	4.75 0	4.83 3	4.91 7	5.00 0
2,000	3.11 1	3.16 7	3.22 2	3.27 8	3.33 3
1,000	1.55 6	1.58 3	1.61 1	1.63 9	1.66 7
900	1.40 0	1.42 5	1.45 0	1.47 5	1.50 0
800	1.24 4	1.26 7	1.28 9	1.31 1	1.33 3
700	1.08 9	1.10 8	1.12 8	1.14 7	1.16 7
600	.93 3	.95 0	.96 7	.98 3	1.00 0
500	.77 8	.79 2	.80 6	.81 9	.83 3
400	.62 2	.63 3	.64 4	.65 6	.66 7
300	.46 7	.47 5	.48 3	.49 2	.50 0
200	.31 1	.31 7	32 2	.32 8	.33 3
100	.15 6	.15 8	.16 1	.16 4	.16 7
90	.14 0	.14 3	.14 5	.14 8	.15 0
80	.12 4	.12 7	.12 9	.13 1	.13 3
70	.10 9	.11 1	.11 3	.11 5	.11 7
60	.09 3	.09 5	.09 7	.09 8	.10 0
50	.07 8	.07 9	.08 1	.08 2	.08 3
40	.06 2	.06 3	.06 4	.06 6	.06 7
30	.04 7	.04 8	.04 8	.04 9	.05 0
20	.03 1	.03 2	.03 2	.03 3	.03 3
10	.01 6	.01 6	.01 6	.01 6	.01 7
9	.01 4	.01 4	.01 5	.01 5	.01 5
8	.01 2	.01 3	.01 3	.01 3	.01 3
7	.01 1	.01 1	.01 1	.01 1	.01 2
6	.00 9	.01 0	.01 0	.01 0	.01 0
5	.00 8	.00 8	.00 8	.00 8	.00 8
4	.00 6	.00 6	.00 6	.00 7	.00 7
3	.00 5	.00 5	.00 5	.00 5	.00 5
2	.00 3	.00 3	.00 3	.00 3	.00 3
1	.00 2	.00 2	.00 2	.00 2	.00 2
	Aug. 25.	Aug. 26.	Aug. 27.	Aug. 28.	Aug. 29.

65

Principal.	Mch. 2. 61 Days.		Mch. 3. 62 Days.		Mch. 4. 63 Days.		Mch. 5. 64 Days.		Mch. 6. 65 Days.		
$	$ c	m	$ c	m	$ c	m	$ c	m	$ c	m	
10,000	16.94	4	17.22	2	17.50	0	17.77	8	18.05	6	
9,000	15.25	0	15.50	0	15.75	0	16.00	0	16.25	0	**Mch.**
8,000	13.55	6	13.77	8	14.00	0	14.22	2	14.44	4	**60.**
7,000	11.86	1	12.05	6	12.25	0	12.44	4	12.63	9	
6,000	10.16	7	10.33	3	10.50	0	10.66	7	10.83	3	
5,000	8.47	2	8.61	1	8.75	0	8.88	9	9.02	8	
4,000	6.77	8	6.88	9	7.00	0	7.11	1	7.22	2	
3,000	5.08	3	5.16	7	5.25	0	5.33	3	5.41	7	
2,000	3.38	9	3.44	4	3.50	0	3.55	6	3.61	1	
1,000	1.69	4	1.72	2	1.75	0	1.77	8	1.80	6	
900	1.52	5	1.55	0	1.57	5	1.60	0	1.62	5	
800	1.35	6	1.37	8	1.40	0	1.42	2	1.44	4	
700	1.18	6	1.20	6	1.22	5	1.24	4	1.26	4	
600	1.01	7	1.03	3	1.05	0	1.06	7	1.08	3	
500	.84	7	.86	1	.87	5	.88	9	.90	3	
400	.67	8	.68	9	.70	0	.71	1	.72	2	
300	.50	8	.51	7	.52	5	.53	3	.54	2	
200	.33	9	.34	4	.35	0	.35	6	.36	1	
100	.16	9	.17	2	.17	5	.17	8	.18	1	
90	.15	3	.15	5	.15	8	.16	0	.16	3	
80	.13	6	.13	8	.14	0	.14	2	.14	4	
70	.11	9	.12	1	.12	3	.12	4	.12	6	
60	.10	2	.10	3	.10	5	.10	7	.10	8	
50	.08	5	.08	6	.08	8	.08	9	.09	0	
40	.06	8	.06	9	.07	0	.07	1	.07	2	
30	.05	1	.05	2	.05	3	.05	3	.05	4	
20	.03	4	.03	4	.03	5	.03	6	.03	6	
10	.01	7	.01	7	.01	8	.01	8	.01	8	
9	.01	5	.01	6	.01	6	.01	6	.01	6	
8	.01	4	.01	4	.01	4	.01	4	.01	4	
7	.01	2	.01	2	.01	2	.01	2	.01	3	
6	.01	0	.01	0	.01	1	.01	1	.01	1	
5	.00	8	.00	9	.00	9	.00	9	.00	9	
4	.00	7	.00	7	.00	7	.00	7	.00	7	
3	.00	5	.00	5	.00	5	.00	5	.00	5	
2	.00	3	.00	3	.00	4	.00	4	.00	4	
1	.00	2	.00	2	.00	2	.00	2	.00	2	

Aug. 30.   Aug. 31.   Sept. 1.   Sept. 2.   Sept. 3.

Principal	Mch. 7. 66 Days.			Mch. 8. 67 Days.			Mch. 9. 68 Days.			Mch. 10. 69 Days.			Mch. 11. 70 Days.		
$	$	c	m	$	c	m	$	c	m	$	c	m	$	c	m
10,000	18.33	3		18.61	1		18.88	9		19.16	7		19.44	4	
9,000	16.50	0		16.75	0		17.00	0		17.25	0		17.50	0	
8,000	14.66	7		14.88	9		15.11	1		15.33	3		15.55	6	
7,000	12.83	3		13.02	8		13.22	2		13.41	7		13.61	1	
6,000	11.00	0		11.16	7		11.33	3		11.50	0		11.66	7	
5,000	9.16	7		9.30	6		9.44	4		9.58	3		9.72	2	
4,000	7.33	3		7.44	4		7.55	6		7.66	7		7.77	8	
3,000	5.50	0		5.58	3		5.66	7		5.75	0		5.83	3	
2,000	3.66	7		3.72	2		3.77	8		3.83	3		3.88	9	
1,000	1.83	3		1.86	1		1.88	9		1.91	7		1.94	4	
900	1.65	0		1.67	5		1.70	0		1.72	5		1.75	0	
800	1.46	7		1.48	9		1.51	1		1.53	3		1.55	6	
700	1.28	3		1.30	3		1.32	2		1.34	2		1.36	1	
600	1.10	0		1.11	7		1.13	3		1.15	0		1.16	7	
500	.91	7		.93	1		.94	4		.95	8		.97	2	
400	.73	3		.74	4		.75	6		.76	7		.77	8	
300	.55	0		.55	8		.56	7		.57	5		.58	3	
200	.36	7		.37	2		.37	8		.38	3		.38	9	
100	.18	3		.18	6		.18	9		.19	2		.19	4	
90	.16	5		.16	8		.17	0		.17	3		.17	5	
80	.14	7		.14	9		.15	1		.15	3		.15	6	
70	.12	8		.13	0		.13	2		.13	4		.13	6	
60	.11	0		.11	2		.11	3		.11	5		.11	7	
50	.09	2		.09	3		.09	4		.09	6		.09	7	
40	.07	3		.07	4		.07	6		.07	7		.07	8	
30	.05	5		.05	6		.05	7		.05	8		.05	8	
20	.03	7		.03	7		.03	8		.03	8		.03	9	
10	.01	8		.01	9		.01	9		.01	9		.01	9	
9	.01	7		.01	7		.01	7		.01	7		.01	8	
8	.01	5		.01	5		.01	5		.01	5		.01	6	
7	.01	3		.01	3		.01	3		.01	3		.01	4	
6	.01	1		.01	1		.01	1		.01	2		.01	2	
5	.00	9		.00	9		.00	9		.01	0		.01	0	
4	.00	7		.00	7		.00	8		.00	8		.00	8	
3	.00	6		.00	6		.00	6		.00	6		.00	6	
2	.00	4		.00	4		.00	4		.00	4		.00	4	
1	.00	2		.00	2		.00	2		.00	2		.00	2	
	Sept. 4.			Sept. 5.			Sept. 6.			Sept. 7.			Sept. 8.		

Principal.	Mch. 12. 71 Days.			Mch. 13. 72 Days.			Mch. 14. 73 Days.			Mch. 15. 74 Days.			Mch. 16. 75 Days.		
$	$	c	m	$	c	m	$	c	m	$	c	m	$	c	m
10,000	19	72	2	20	00	0	20	27	8	20	55	6	20	83	3
9,000	17	75	0	18	00	0	18	25	0	18	50	0	18	75	0
8,000	15	77	8	16	00	0	16	22	2	16	44	4	16	66	7
7,000	13	80	6	14	00	0	14	19	4	14	38	9	14	58	3
6,000	11	83	3	12	00	0	12	16	7	12	33	3	12	50	0
5,000	9	86	1	10	00	0	10	13	9	10	27	8	10	41	7
4,000	7	88	9	8	00	0	8	11	1	8	22	2	8	33	3
3,000	5	91	7	6	00	0	6	08	3	6	16	7	6	25	0
2,000	3	94	4	4	00	0	4	05	6	4	11	1	4	16	7
1,000	1	97	2	2	00	0	2	02	8	2	05	6	2	08	3
900	1	77	5	1	80	0	1	82	5	1	85	0	1	87	5
800	1	57	8	1	60	0	1	62	2	1	64	4	1	66	7
700	1	38	1	1	40	0	1	41	9	1	43	9	1	45	8
600	1	18	3	1	20	0	1	21	7	1	23	3	1	25	0
500		98	6	1	00	0	1	01	4	1	02	8	1	04	2
400		78	9		80	0		81	1		82	2		83	3
300		59	2		60	0		60	8		61	7		,62	5
200		39	4		40	0		40	6		41	1		41	7
100		19	7		20	0		20	3		20	6		20	8
90		·17	8		.18	0		.18	3		.18	5		.18	8
80		.15	8		.16	0		.16	2		.16	4		.16	7
70		.13	8		.14	0		.14	2		.14	4		.14	6
60		.11	8		.12	0		.12	2		.12	3		.12	5
50		.09	9		.10	0		,10	1		.10	3		.10	4
40		.07	9		.08	0		.08	1		.08	2		.08	3
30		.05	9		.06	0		.06	1		.06	2		,06	3
20		.03	9		.04	0		.04	1		.04	1		.04	2
10		.02	0		,02	0		.02	0		.02	1		.02	1
9		.01	8		.01	8		.01	8		.01	9		.01	9
8		.01	6		.01	6		.01	6		.01	6		.01	7
7		.01	4		.01	4		.01	4		.01	4		.01	5
6		.01	2		.01	2		.01	2		.01	2		.01	3
5		.01	0		.01	0		.01	0		.01	0		.01	0
4		.00	8		.00	8		.00	8		.00	8		.00	8
3		.00	6		.00	6		.00	6		.00	6		.00	6
2		.00	4		.00	4		.00	4		.00	4		.00	4
1		.00	2		.00	2		.00	2		.00	2		.00	2
	Sept. 9.			Sept. 10.			Sept. 11.			Sept. 12.			Sept. 13.		

Principal.	Mch. 17. 76 Days.		Mch. 18. 77 Days.		Mch. 19. 78 Days.		Mch. 20. 79 Days.		Mch. 21. 80 Days.	
$	$ c	m	$ c	m	$ c	m	$ c	m	$ c	m
10,000	21.11	1	21.38	9	21.66	7	21.94	4	22.22	2
9,000	19.00	0	19.25	0	19.50	0	19.75	0	20.00	0
8,000	16.88	9	17.11	1	17.33	3	17.55	6	17.77	8
7,000	14.77	8	14.97	2	15.16	7	15.36	1	15.55	6
6,000	12.66	7	12.83	3	13.00	0	13.16	7	13.33	3
5,000	10.55	6	10.69	4	10.83	3	10.97	2	11.11	1
4,000	8.44	4	8.55	6	8.66	7	8.77	8	8.88	9
3,000	6.33	3	6.41	7	6.50	0	6.58	3	6.66	7
2,000	4.22	2	4.27	8	4.33	3	4.38	9	4.44	4
1,000	2.11	1	2.13	9	2.16	7	2.19	4	2.22	2
900	1.90	0	1.92	5	1.95	0	1.97	5	2.00	0
800	1.68	9	1.71	1	1.73	3	1.75	6	1.77	8
700	1.47	8	1.49	7	1.51	7	1.53	6	1.55	6
600	1.26	7	1.28	3	1.30	0	1.31	7	1.33	3
500	1.05	6	1.06	9	1.08	3	1.09	7	1.11	1
400	.84	4	.85	6	.86	7	.87	8	.88	9
300	.63	3	.64	2	.65	0	.65	8	.66	7
200	.42	2	.42	8	.43	3	.43	9	.44	4
100	.21	1	.21	4	.21	7	.21	9	.22	2
90	.19	0	.19	3	.19	5	.19	8	.20	0
80	.16	9	.17	1	.17	3	.17	6	.17	8
70	.14	8	.15	0	.15	2	.15	4	.15	6
60	.12	7	.12	8	.13	0	.13	2	.13	3
50	.10	6	.10	7	.10	8	.11	0	.11	1
40	.08	4	.08	6	.08	7	.08	8	.08	9
30	.06	3	.06	4	.06	5	.06	6	.06	7
20	.04	2	.04	3	.04	3	.04	4	.04	4
10	.02	1	.02	1	.02	2	.02	2	.02	2
9	.01	9	.01	9	.02	0	.02	0	.02	0
8	.01	7	.01	7	.01	7	.01	8	.01	8
7	.01	5	.01	5	.01	5	.01	5	.01	6
6	.01	3	.01	3	.01	3	.01	3	.01	3
5	.01	1	.01	1	.01	1	.01	1	.01	1
4	.00	8	.00	9	.00	9	.00	9	.00	9
3	.00	6	.00	6	.00	7	.00	7	.00	7
2	.00	4	.00	4	.00	4	.00	4	.00	4
1	.00	2	.00	2	.00	2	.00	2	.00	2
	Sept. 14.		Sept. 15.		Sept. 16.		Sept. 17.		Sept. 18.	

85

Principal.	Mch. 22. 81 Days.		Mch. 23. 82 Days.		Mch. 24. 83 Days.		Mch. 25. 84 Days.		Mch. 26. 85 Days.	
$	$ c	m	$ c	m	$ c	m	$ c	m	$ c	m
10,000	22.50	0	22.77	8	23.05	6	23.33	3	23.61	1
9,000	20.25	0	20.50	0	20.75	0	21.00	0	21.25	0
8,000	18.00	0	18.22	2	18.44	4	18.66	7	18.88	9
7,000	15.75	0	15.94	4	16.13	9	16.33	3	16.52	8
6,000	13.50	0	13.66	7	13.83	3	14.00	0	14.16	7
5,000	11.25	0	11.38	9	11.52	8	11.66	7	11.80	6
4,000	9.00	0	9.11	1	9.22	2	9.33	3	9.44	4
3,000	6.75	0	6.83	3	6.91	7	7.00	0	7.08	3
2,000	4.50	0	4.55	6	4.61	1	4.66	7	4.72	2
1,000	2.25	0	2.27	8	2.30	6	2.33	3	2.36	1
900	2.02	5	2.05	0	2.07	5	2.10	0	2.12	5
800	1.80	0	1.82	2	1.84	4	1.86	7	1.88	9
700	1.57	5	1.59	4	1.61	4	1.63	3	1.65	3
600	1.35	0	1.36	7	1.38	3	1.40	0	1.41	7
500	1.12	5	1.13	9	1.15	3	1.16	7	1.18	1
400	.90	0	.91	1	.92	2	.93	3	.94	4
300	.67	5	.68	3	.69	2	.70	0	.70	8
200	.45	0	.45	6	.46	1	.46	7	.47	2
100	.22	5	.22	8	.23	1	.23	3	.23	6
90	.20	3	.20	5	.20	8	.21	0	.21	3
80	.18	0	.18	2	.18	4	.18	7	.18	9
70	.15	8	.15	9	.16	1	.16	3	.16	5
60	.13	5	.13	7	.13	8	.14	0	.14	2
50	.11	3	.11	4	.11	5	.11	7	.11	8
40	.09	0	.09	1	.09	2	.09	3	.09	4
30	.06	8	.06	8	.06	9	.07	0	.07	1
20	.04	5	.04	6	.04	6	.04	7	.04	7
10	.02	3	.02	3	.02	3	.02	3	.02	4
9	.02	0	.02	1	.02	1	.02	1	.02	1
8	.01	8	.01	8	.01	8	.01	9	.01	9
7	.01	6	.01	6	.01	6	.01	6	.01	7
6	.01	4	.01	4	.01	4	.01	4	.01	4
5	.01	1	.01	1	.01	2	.01	2	.01	2
4	.00	9	.00	9	.00	9	.00	9	.00	9
3	.00	7	.00	7	.00	7	.00	7	.00	7
2	.00	5	.00	5	.00	5	.00	5	.00	5
1	.00	2	.00	2	.00	2	.00	2	.00	2
	Sept. 19.		Sept. 20.		Sept. 21.		Sept. 22.		Sept. 23.	

90

Principal.	Mch. 27. 86 Days.			Mch. 28. 87 Days.			Mch. 29. 88 Days.			Mch. 30. 89 Days.			Mch. 31. 90 Days.		
$	$	c	m	$	c	m	$	c	m	$	c	m	$	c	m
10,000	23	88	9	24	16	7	24	44	4	24	72	2	25	00	0
9,000	21	50	0	21	75	0	22	00	0	22	25	0	22	50	0
8,000	19	11	1	19	33	3	19	55	6	19	77	8	20	00	0
7,000	16	72	2	16	91	7	17	11	1	17	30	6	17	50	0
6,000	14	33	3	14	50	0	14	66	7	14	83	3	15	00	0
5,000	11	94	4	12	08	3	12	22	2	12	36	1	12	50	0
4,000	9	55	6	9	66	7	9	77	8	9	88	9	10	00	0
3,000	7	16	7	7	25	0	7	33	3	7	41	7	7	50	0
2,000	4	77	8	4	83	3	4	88	9	4	94	4	5	00	0
1,000	2	38	9	2	41	7	2	44	4	2	47	2	2	50	0
900	2	15	0	2	17	5	2	20	0	2	22	5	2	25	0
800	1	91	1	1	93	3	1	95	6	1	97	8	2	00	0
700	1	67	2	1	69	2	1	71	1	1	73	1	1	75	0
600	1	43	3	1	45	0	1	46	7	1	48	3	1	50	0
500	1	19	4	1	20	8	1	22	2	1	23	6	1	25	0
400		95	6		96	7		97	8		98	9	1	00	0
300		71	7		72	5		73	3		74	2		75	0
200		47	8		48	3		48	9		49	4		50	0
100		23	9		24	2		24	4		24	7		25	0
90		21	5		21	8		22	0		22	3		22	5
80		19	1		19	3		19	6		19	8		20	0
70		16	7		16	9		17	1		17	3		17	5
60		14	3		14	5		14	7		14	8		15	0
50		11	9		12	1		12	2		12	4		12	5
40		09	6		09	7		09	8		09	9		10	0
30		07	2		07	3		07	3		07	4		07	5
20		04	8		04	8		04	9		04	9		05	0
10		02	4		02	4		02	4		02	5		02	5
9		02	2		02	2		02	2		02	2		02	3
8		01	9		01	9		02	0		02	0		02	0
7		01	7		01	7		01	7		01	7		01	8
6		01	4		01	5		01	5		01	5		01	5
5		01	2		01	2		01	2		01	2		01	3
4		01	0		01	0		01	0		01	0		01	0
3		00	7		00	7		00	7		00	7		00	8
2		00	5		00	5		00	5		00	5		00	5
1		00	2		00	2		00	2		00	2		00	3
	Sept. 24.			Sept. 25.			Sept. 26.			Sept. 27.			Sept. 28.		

95

Principal.	Apr. 1. 91 Days.			Apr. 2. 92 Days.			Apr. 3. 93 Days.			Apr. 4. 94 Days.			Apr. 5. 95 Days.			
$	$	c	m	$	c	m	$	c	m	$	c	m	$	c	m	
10,000	25.27	8		25.55	6		25.83	3		26.11	1		26.38	9		
9,000	22.75	0		23.00	0		23.25	0		23.50	0		23.75	0		
8,000	20.22	2		20.44	4		20.66	7		20.88	9		21.11	1		
7,000	17.69	4		17.88	9		18.08	3		18.27	8		18.47	2		
6,000	15.16	7		15.33	3		15.50	0		15.66	7		15.83	3		Apr. 90.
5,000	12.63	9		12.77	8		12.91	7		13.05	6		13.19	4		
4,000	10.11	1		10.22	2		10.33	3		10.44	4		10.55	6		
3,000	7.58	3		7.66	7		7.75	0		7.83	3		7.91	7		
2,000	5.05	6		5.11	1		5.16	7		5.22	2		5.27	8		
1,000	2.52	8		2.55	6		2.58	3		2.61	1		2.63	9		
900	2.27	5		2.30	0		2.32	5		2.35	0		2.37	5		
800	2.02	2		2.04	4		2.06	7		2.08	9		2.11	1		
700	1.76	9		1.78	9		1.80	8		1.82	8		1.84	7		
600	1.51	7		1.53	3		1.55	0		1.56	7		1.58	3		
500	1.26	4		1.27	8		1.29	2		1.30	6		1.31	9		
400	1.01	1		1.02	2		1.03	3		1.04	4		1.05	6		
300	.75	8		.76	7		.77	5		.78	3		.79	2		
200	.50	6		.51	1		.51	7		.52	2		.52	8		
100	.25	3		.25	6		.25	8		.26	1		.26	4		
90	.22	8		.23	0		.23	3		.23	5		.23	8		
80	.20	2		.20	4		.20	7		.20	9		.21	1		
70	.17	7		.17	9		.18	1		.18	3		.18	5		
60	.15	2		.15	3		.15	5		.15	7		.15	8		
50	.12	6		.12	8		.12	9		.13	1		.13	2		
40	.10	1		.10	2		.10	3		.10	4		.10	6		
30	.07	6		.07	7		.07	8		.07	8		.07	9		
20	.05	1		.05	1		.05	2		.05	2		.05	3		
10	.02	5		.02	6		.02	6		.02	6		.02	6		
9	.02	3		.02	3		.02	3		.02	4		.02	4		
8	.02	0		.02	0		.02	1		.02	1		.02	1		
7	.01	8		.01	8		.01	8		.01	8		.01	8		
6	.01	5		.01	5		.01	6		.01	6		.01	6		
5	.01	3		.01	3		.01	3		.01	3		.01	3		
4	.01	0		.01	0		.01	0		.01	0		.01	1		
3	.00	8		.00	8		.00	8		.00	8		.00	8		
2	.00	5		.00	5		.00	5		.00	5		.00	5		
1	.00	3		.00	3		.00	3		.00	3		.00	3		
	Sept. 29.			Sept. 30.			Oct. 1,			Oct. 2.			Oct. 3.			

Principal	Apr. 6. 96 Days.	Apr. 7. 97 Days.	Apr. 8. 98 Days.	Apr. 9. 99 Days.	Apr. 10. 100 Days
$	$ c m	$ c m	$ c m	$ c m	$ c m
10,000	26.66 7	26.94 4	27.22 2	27.50 0	27.77 8
9,000	24.00 0	24.25 0	24.50 0	24.75 0	25.00 0
8,000	21.33 3	21.55 6	21.77 8	22.00 0	22.22 2
7,000	18.66 7	18.86 1	19.05 6	19.25 0	19.44 4
6,000	16.00 0	16.16 7	16.33 3	16.50 0	16.66 7
5,000	13.33 3	13.47 2	13.61 1	13.75 0	13.88 9
4,000	10.66 7	10.77 8	10.88 9	11.00 0	11.11 1
3,000	8.00 0	8.08 3	8.16 7	8.25 0	8.33 3
2,000	5.33 3	5.38 9	5.44 4	5.50 0	5.55 6
1,000	2.66 7	2.69 4	2.72 2	2.75 0	2.77 8
900	2.40 0	2.42 5	2.45 0	2.47 5	2.50 0
800	2.13 3	2.15 6	2.17 8	2.20 0	2.22 2
700	1.86 7	1.88 6	1.90 6	1.92 5	1.94 4
600	1.60 0	1.61 7	1.63 3	1.65 0	1.66 7
500	1.33 3	1.34 7	1.36 1	1.37 5	1.38 9
400	1.06 7	1.07 8	1.08 9	1.10 0	1.11 1
300	.80 0	.80 8	.81 7	.82 5	.83 3
200	.53 3	.53 9	.54 4	.55 0	.55 6
100	.26 7	.26 9	.27 2	.27 5	.27 8
90	.24 0	.24 3	.24 5	.24 8	.25 0
80	.21 3	.21 6	.21 8	.22 0	.22 2
70	.18 7	.18 9	.19 1	.19 3	.19 4
60	.16 0	.16 2	.16 3	.16 5	.16 7
50	.13 3	.13 5	.13 6	.13 8	.13 9
40	.10 7	.10 8	.10 9	.11 0	.11 1
30	.08 0	.08 1	.08 2	.08 3	.08 3
20	.05 3	.05 4	.05 4	.05 5	.05 6
10	.02 7	.02 7	.02 7	.02 8	.02 8
9	.02 4	.02 4	.02 5	.02 5	.02 5
8	.02 1	.02 2	.02 2	.02 2	.02 2
7	.01 9	.01 9	.01 9	.01 9	.01 9
6	.01 6	.01 6	.01 6	.01 7	.01 7
5	.01 3	.01 3	.01 4	.01 4	.01 4
4	.01 1	.01 1	.01 1	.01 1	.01 1
3	.00 8	.00 8	.00 8	.00 8	.00 8
2	.00 5	.00 5	.00 5	.00 6	.00 6
1	.00 3	.00 3	.00 3	.00 3	.00 3
	Oct. 4.	Oct. 5.	Oct. 6.	Oct. 7.	Oct. 8.

Principal.	Apr. 11. 101 Days.	Apr. 12. 102 Days	Apr. 13. 103 Days	Apr. 14. 104 Days	Apr. 15. 105 Days
$	$ c m	$ c m	$ c m	$ c m	$ c m
10,000	28.05 6	28.33 3	28.61 1	28.88 9	29.16 7
9,000	25.25 0	25.50 0	25.75 0	26.00 0	26.25 0
8,000	22.44 4	22.66 7	22.88 9	23.11 1	23.33 3
7,000	19.63 9	19.83 3	20.02 8	20.22 2	20.41 7
6,000	16.83 3	17.00 0	17.16 7	17.33 3	17.50 0
5,000	14.02 8	14.16 7	14.30 6	14.44 4	14.58 3
4,000	11.22 2	11.33 3	11.44 4	11.55 6	11.66 7
3,000	8.41 7	8.50 0	8.58 3	8.66 7	8.75 0
2,000	5.61 1	5.66 7	5.72 2	5.77 8	5.83 3
1,000	2.80 6	2.83 3	2.86 1	2.88 9	2.91 7
900	2.52 5	2.55 0	2.57 5	2.60 0	2.62 5
800	2.24 4	2.26 7	2.28 9	2.31 1	2.33 3
700	1.96 4	1.98 3	2.00 3	2.02 2	2.04 2
600	1.68 3	1.70 0	1.71 7	1.73 3	1.75 0
500	1.40 3	1.41 7	1.43 1	1.44 4	1.45 8
400	1.12 2	1.13 3	1.14 4	1.15 6	1.16 7
300	.84 2	.85 0	.85 8	.86 7	.87 5
200	.56 1	.56 7	.57 2	.57 8	.58 3
100	.28 1	.28 3	.28 6	.28 9	.29 2
90	.25 3	.25 5	.25 8	.26 0	.26 3
80	.22 4	.22 7	.22 9	.23 1	.23 3
70	.19 6	.19 8	.20 0	.20 2	.20 4
60	.16 8	.17 0	.17 2	.17 3	.17 5
50	.14 0	.14 2	.14 3	.14 4	.14 6
40	.11 2	.11 3	.11 4	.11 6	.11 7
30	.08 4	.08 5	.08 6	.08 7	.08 8
20	.05 6	.05 7	.05 7	.05 8	.05 8
10	.02 8	.02 8	.02 9	.02 9	.02 9
9	.02 5	.02 6	.02 6	.02 6	.02 6
8	.02 2	.02 3	.02 3	.02 3	.02 3
7	.02 0	.02 0	.02 0	.02 0	.02 0
6	.01 7	.01 7	.01 7	.01 7	.01 8
5	.01 4	.01 4	.01 4	.01 4	.01 5
4	.01 1	.01 1	.01 1	.01 2	.01 2
3	.00 8	.00 9	.00 9	.00 9	.00 9
2	.00 6	.00 6	.00 6	.00 6	.00 6
1	.00 3	.00 3	.00 3	.00 3	.00 3
	Oct. 9.	Oct. 10.	Oct. 11.	Oct. 12.	Oct. 13.

Principal	Apr. 16. 106 Days.		Apr. 17. 107 Days.		Apr. 18. 108 Days.		Apr. 19. 109 Days.		Apr. 20. 110 Days.	
$	$ c	m	$ c	m	$ c	m	$ c	m	$ c	m
10,000	29.44	4	29.72	2	30.00	0	30.27	8	30.55	6
9,000	26.50	0	26.75	0	27.00	0	27.25	0	27.50	0
8,000	23.55	6	23.77	8	24.00	0	24.22	2	24.44	4
7,000	20.61	1	20.80	6	21.00	0	21.19	4	21.38	9
6,000	17.66	7	17.83	3	18.00	0	18.16	7	18.33	3
5,000	14.72	2	14.86	1	15.00	0	15.13	9	15.27	8
4,000	11.77	8	11.88	9	12.00	0	12.11	1	12.22	2
3,000	8.83	3	8.91	7	9.00	0	9.08	3	9.16	7
2,000	5.88	9	5.94	4	6.00	0	6.05	6	6.11	1
1,000	2.94	4	2.97	2	3.00	0	3.02	8	3.05	6
900	2.65	0	2.67	5	2.70	0	2.72	5	2.75	0
800	2.35	6	2.37	8	2.40	0	2.42	2	2.44	4
700	2.06	1	2.08	1	2.10	0	2.11	9	2.13	9
600	1.76	7	1.78	3	1.80	0	1.81	7	1.83	3
500	1.47	2	1.48	6	1.50	0	1.51	4	1.52	8
400	1.17	8	1.18	9	1.20	0	1.21	1	1.22	2
300	.88	3	.89	2	.90	0	.90	8	.91	7
200	.58	9	.59	4	.60	0	.60	6	.61	1
100	.29	4	.29	7	.30	0	.30	3	.30	6
90	.26	5	.26	8	.27	0	.27	3	.27	5
80	.23	6	.23	8	.24	0	.24	2	.24	4
70	.20	6	.20	8	.21	0	.21	2	.21	4
60	.17	7	.17	8	.18	0	.18	2	.18	3
50	.14	7	.14	9	.15	0	.15	1	.15	3
40	.11	8	.11	9	.12	0	.12	1	.12	2
30	.08	8	.08	9	.09	0	.09	1	.09	2
20	.05	9	.05	9	.06	0	.06	1	.06	1
10	.02	9	.03	0	.03	0	.03	0	.03	1
9	.02	7	.02	7	.02	7	.02	7	.02	8
8	.02	4	.02	4	.02	4	.02	4	.02	4
7	.02	1	.02	1	.02	1	.02	1	.02	1
6	.01	8	.01	8	.01	8	.01	8	.01	8
5	.01	5	.01	5	.01	5	.01	5	.01	5
4	.01	2	.01	2	.01	2	.01	2	.01	2
3	.00	9	.00	9	.00	9	.00	9	.00	9
2	.00	6	.00	6	.00	6	.00	6	.00	6
1	.00	3	.00	3	.00	3	.00	3	.00	3
	Oct. 14,		Oct. 15,		Oct. 16.		Oct. 17.		Oct. 18.	

115

Principal.	Apr. 21. 111 Days.		Apr. 22. 112 Days.		Apr. 23. 113 Days.		Apr. 24. 114 Days.		Apr. 25. 115 Days.	
$	$ c	m	$ c	m	$ c	m	$ c	m	$ c	m
10,000	30.83	3	31.11	1	31.38	9	31.66	7	31.94	4
9,000	27.75	0	28.00	0	28.25	0	28.50	0	28.75	0
8,000	24.66	7	24.88	9	25.11	1	25.33	3	25.55	6
7,000	21.58	3	21.77	8	21.97	2	22.16	7	22.36	1
6,000	18.50	0	18.66	7	18.83	3	19.00	0	19.16	7
5,000	15.41	7	15.55	6	15.69	4	15.83	3	15.97	2
4,000	12.33	3	12.44	4	12.55	6	12.66	7	12.77	8
3,000	9.25	0	9.33	3	9.41	7	9.50	0	9.58	3
2,000	6.16	7	6.22	2	6.27	8	6.33	3	6.38	9
1,000	3.08	3	3.11	1	3.13	9	3.16	7	3.19	4
900	2.77	5	2.80	0	2.82	5	2.85	0	2.87	5
800	2.46	7	2.48	9	2.51	1	2.53	3	2.55	6
700	2.15	8	2.17	8	2.19	7	2.21	7	2.23	6
600	1.85	0	1.86	7	1.88	3	1.90	0	1.91	7
500	1.54	2	1.55	6	1.56	9	1.58	3	1.59	7
400	1.23	3	1.24	4	1.25	6	1.26	7	1.27	8
300	.92	5	.93	3	.94	2	.95	0	.95	8
200	.61	7	.62	2	.62	8	.63	3	.63	9
100	.30	8	.31	1	.31	4	.31	7	.31	9
90	.27	8	.28	0	.28	3	.28	5	.28	8
80	.24	7	.24	9	.25	1	.25	3	.25	6
70	.21	6	.21	8	.22	0	.22	2	.22	4
60	.18	5	.18	7	.18	8	.19	0	.19	2
50	.15	4	.15	6	.15	7	.15	8	.16	0
40	.12	3	.12	4	.12	6	.12	7	.12	8
30	.09	3	.09	3	.09	4	.09	5	.09	6
20	.06	2	.06	2	.06	3	.06	3	.06	4
10	.03	1	.03	1	.03	1	.03	2	.03	2
9	.02	8	.02	8	.02	8	.02	9	.02	9
8	.02	5	.02	5	.02	5	.02	5	.02	6
7	.02	2	.02	2	.02	2	.02	2	.02	2
6	.01	9	.01	9	.01	9	.01	9	.01	9
5	.01	5	.01	6	.01	6	.01	6	.01	6
4	.01	2	.01	2	.01	3	.01	3	.01	3
3	.00	9	.00	9	.00	9	.01	0	.01	0
2	.00	6	.00	6	.00	6	.00	6	.00	6
1	.00	3	.00	3	.00	3	.00	3	.00	3
	Oct. 19.		Oct. 20.		Oct. 21.		Oct. 22.		Oct. 23.	

Principal	Apr. 26. 116 Days.			Apr. 27. 117 Days.			Apr. 28. 118 Days.			Apr. 29. 119 Days.			Apr. 30. 120 Days		
$	$	c	m	$	c	m	$	c	m	$	c	m	$	c	m
10,000	32.22	2		32.50	0		32.77	8		33.05	6		33.33	3	
9,000	29.00	0		29.25	0		29.50	0		29.75	0		30.00	0	
8,000	25.77	8		26.00	0		26.22	2		26.44	4		26.66	7	
7,000	22.55	6		22.75	0		22.94	4		23.13	9		23.33	3	
6,000	19.33	3		19.50	0		19.66	7		19.83	3		20.00	0	
5,000	16.11	1		16.25	0		16.38	9		16.52	8		16.66	7	
4,000	12.88	9		13.00	0		13.11	1		13.22	2		13.33	3	
3,000	9.66	7		9.75	0		9.83	3		9.91	7		10.00	0	
2,000	6.44	4		6.50	0		6.55	6		6.61	1		6.66	7	
1,000	3.22	2		3.25	0		3.27	8		3.30	6		3.33	3	
900	2.90	0		2.92	5		2.95	0		2.97	5		3.00	0	
800	2.57	8		2.60	0		2.62	2		2.64	4		2.66	7	
700	2.25	6		2.27	5		2.29	4		2.31	4		2.33	3	
600	1.93	3		1.95	0		1.96	7		1.98	3		2.00	0	
500	1.61	1		1.62	5		1.63	9		1.65	3		1.66	7	
400	1.28	9		1.30	0		1.31	1		1.32	2		1.33	3	
300	.96	7		.97	5		.98	3		.99	2		1.00	0	
200	.64	4		.65	0		.65	6		.66	1		.66	7	
100	.32	2		.32	5		.32	8		.33	1		.33	3	
90	.29	0		.29	3		.29	5		.29	8		.30	0	
80	.25	8		.26	0		.26	2		.26	4		.26	7	
70	.22	6		.22	8		.22	9		.23	1		.23	3	
60	.19	3		.19	5		.19	7		.19	8		.20	0	
50	.16	1		.16	3		.16	4		.16	5		.16	7	
40	.12	9		.13	0		.13	1		.13	2		.13	3	
30	.09	7		.09	8		.09	8		.09	9		.10	0	
20	.06	4		.06	5		.06	6		.06	6		.06	7	
10	.03	2		.03	3		.03	3		.03	3		.03	3	
9	.02	9		.02	9		.03	0		.03	0		.03	0	
8	.02	6		.02	6		.02	6		.02	6		.02	7	
7	.02	3		.02	3		.02	3		.02	3		.02	3	
6	.01	9		.02	0		.02	0		.02	0		.02	0	
5	.01	6		.01	6		.01	6		.01	7		.01	7	
4	.01	3		.01	3		.01	3		.01	3		.01	3	
3	.01	0		.01	0		.01	0		.01	0		.01	0	
2	.00	6		.00	7		.00	7		.00	7		.00	7	
1	.00	3		.00	3		.00	3		.00	3		.00	3	

Oct. 24.   Oct. 25.   Oct. 26.   Oct. 27.   Oct. 28.

Principal.	May 1. 121 Days.	May 2. 122 Days.	May 3. 123 Days.	May 4. 124 Days.	May 5. 125 Days.	
$	$ c m	$ c m	$ c m	$ c m	$ c m	
10,000	33.61 1	33.88 9	34.16 7	34.44 4	34.72 2	
9,000	30.25 0	30.50 0	30.75 0	31.00 0	31.25 0	
8,000	26.88 9	27.11 1	27.33 3	27.55 6	27.77 8	
7,000	23.52 8	23.72 2	23.91 7	24.11 1	24.30 6	
6,000	20.16 7	20.33 3	20.50 0	20.66 7	20.83 3	
5,000	16.80 6	16.94 4	17.08 3	17.22 2	17.36 1	
4,000	13.44 4	13.55 6	13.66 7	13.77 8	13.88 9	
3,000	10.08 3	10.16 7	10.25 0	10.33 3	10.41 7	
2,000	6.72 2	6.77 8	6.83 3	6.88 9	6.94 4	May
1,000	3.36 1	3.38 9	3.41 7	3.44 4	3.47 2	120.
900	3.02 5	3.05 0	3.07 5	3.10 0	3.12 5	
800	2.68 9	2.71 1	2.73 3	2.75 6	2.77 8	
700	2.35 3	2.37 2	2.39 2	2.41 1	2.43 1	
600	2.01 7	2.03 3	2.05 0	2.06 7	2.08 3	
500	1.68 1	1.69 4	1.70 8	1.72 2	1.73 6	
400	1.34 4	1.35 6	1.36 7	1.37 8	1.38 9	
300	1.00 8	1.01 7	1.02 5	1.03 3	1.04 2	
200	.67 2	.67 8	.68 3	.68 9	.69 4	
100	.33 6	.33 9	.34 2	.34 4	.34 7	
90	.30 3	.30 5	.30 8	.31 0	.31 3	
80	.26 9	.27 1	.27 3	.27 6	.27 8	
70	.23 5	.23 7	.23 9	.24 1	.24 3	
60	.20 2	.20 3	.20 5	.20 7	.20 8	
50	.16 8	.16 9	.17 1	.17 2	.17 4	
40	.13 4	.13 6	.13 7	.13 8	.13 9	
30	.10 1	.10 2	.10 3	.10 3	.10 4	
20	.06 7	.06 8	.06 8	.06 9	.06 9	
10	.03 4	.03 4	.03 4	.03 4	.03 5	
9	.03 0	.03 1	.03 1	.03 1	.03 1	
8	.02 7	.02 7	.02 7	.02 8	.02 8	
7	.02 4	.02 4	.02 4	.02 4	.02 4	
6	.02 0	.02 0	.02 1	.02 1	.02 1	
5	.01 7	.01 7	.01 7	.01 7	.01 7	
4	.01 3	.01 4	.01 4	.01 4	.01 4	
3	.01 0	.01 0	.01 0	.01 0	.01 0	
2	.00 7	.00 7	.00 7	.00 7	.00 7	
1	.00 3	.00 3	.00 3	.00 3	.00 3	
	Oct. 29.	Oct. 30.	Oct. 31,	Nov. 1.	Nov. 2.	

130

Principal.	May 6. 126 Days		May 7. 127 Days		May 8. 128 Days		May 9. 129 Days		May 10. 130 Days	
$	$ c	m	$ c	m	$ c	m	$ c	m	$ c	m
10,000	35.00	0	35.27	8	35.55	6	35.83	3	36.11	1
9,000	31.50	0	31.75	0	32.00	0	32.25	0	32.50	0
8,000	28.00	0	28.22	2	28.44	4	28.66	7	28.88	9
7,000	24.50	0	24.69	4	24.88	9	25.08	3	25.27	8
6,000	21.00	0	21.16	7	21.33	3	21.50	0	21.66	7
5,000	17.50	0	17.63	9	17.77	8	17.91	7	18.05	6
4,000	14.00	0	14.11	1	14.22	2	14.33	3	14.44	4
3,000	10.50	0	10.58	3	10.66	7	10.75	0	10.83	3
2,000	7.00	0	7.05	6	7.11	1	7.16	7	7.22	2
1,000	3.50	0	3.52	8	3.55	6	3.58	3	3.61	1
900	3.15	0	3.17	5	3.20	0	3.22	5	3.25	0
800	2.80	0	2.82	2	2.84	4	2.86	7	2.88	9
700	2.45	0	2.46	9	2.48	9	2.50	8	2.52	8
600	2.10	0	2.11	7	2.13	3	2.15	0	2.16	7
500	1.75	0	1.76	4	1.77	8	1.79	2	1.80	6
400	1.40	0	1.41	1	1.42	2	1.43	3	1.44	4
300	1.05	0	1.05	8	1.06	7	1.07	5	1.08	3
200	.70	0	.70	6	.71	1	.71	7	.72	2
100	.35	0	.35	3	.35	6	.35	8	.36	1
90	.31	5	.31	8	.32	0	.32	3	.32	5
80	.28	0	.28	2	.28	4	.28	7	.28	9
70	.24	5	.24	7	.24	9	.25	1	.25	3
60	.21	0	.21	2	.21	3	.21	5	.21	7
50	.17	5	.17	6	.17	8	.17	9	.18	1
40	.14	0	.14	1	.14	2	.14	3	.14	4
30	.10	5	.10	6	.10	7	.10	8	.10	8
20	.07	0	.07	1	.07	1	.07	2	.07	2
10	.03	5	.03	5	.03	6	.03	6	.03	6
9	.03	2	.03	2	.03	2	.03	2	.03	3
8	.02	8	.02	8	.02	8	.02	9	.02	9
7	.02	5	.02	5	.02	5	.02	5	.02	5
6	.02	1	.02	1	.02	1	.02	2	.02	2
5	.01	8	.01	8	.01	8	.01	8	.01	8
4	.01	4	.01	4	.01	4	.01	4	.01	4
3	.01	1	.01	1	.01	1	.01	1	.01	1
2	.00	7	.00	7	.00	7	.00	7	.00	7
1	.00	4	.00	4	.00	4	.00	4	.00	4
	Nov. 3.		Nov. 4.		Nov. 5.		Nov. 6.		Nov. 7.	

Principal.	May 11. 131 Days.		May 12. 132 Days.		May 13. 133 Days.		May 14. 134 Days.		May 15. 135 Days	
$	$ c	m	$ c	m	$ c	m	$ c	m	$ c	m
10,000	36.38	9	36.66	7	36.94	4	37.22	2	37.50	0
9,000	32.75	0	33.00	0	33.25	0	33.50	0	33.75	0
8,000	29.11	1	29.33	3	29.55	6	29.77	8	30.00	0
7,000	25.47	2	25.66	7	25.86	1	26.05	6	26.25	0
6,000	21.83	3	22.00	0	22.16	7	22.33	3	22.50	0
5,000	18.19	4	18.33	3	18.47	2	18.61	1	18.75	0
4,000	14.55	6	14.66	7	14.77	8	14.88	9	15.00	0
3,000	10.91	7	11.00	0	11.08	3	11.16	7	11.25	0
2,000	7.27	8	7.33	3	7.38	9	7.44	4	7.50	0
1,000	3.63	9	3.66	7	3.69	4	3.72	2	3.75	0
900	3.27	5	3.30	0	3.32	5	3.35	0	3.37	5
800	2.91	1	2.93	3	2.95	6	2.97	8	3.00	0
700	2.54	7	2.56	7	2.58	6	2.60	6	2.62	5
600	2.18	3	2.20	0	2.21	7	2.23	3	2.25	0
500	1.81	9	1.83	3	1.84	7	1.86	1	1.87	5
400	1.45	6	1.46	7	1.47	8	1.48	9	1.50	0
300	1.09	2	1.10	0	1.10	8	1.11	7	1.12	5
200	.72	8	.73	3	.73	9	.74	4	.75	0
100	.36	4	.36	7	.36	9	.37	2	.37	5
90	.32	8	.33	0	.33	3	.33	5	.33	8
80	.29	1	.29	3	.29	6	.29	8	.30	0
70	.25	5	.25	7	.25	9	.26	1	.26	3
60	.21	8	.22	0	.22	2	.22	3	.22	5
50	.18	2	.18	3	.18	5	.18	6	.18	8
40	.14	6	.14	7	.14	8	.14	9	.15	0
30	.10	9	.11	0	.11	1	.11	2	.11	3
20	.07	3	.07	3	.07	4	.07	4	.07	5
10	.03	6	.03	7	.03	7	.03	7	.03	8
9	.03	3	.03	3	.03	3	.03	4	.03	4
8	.02	9	.02	9	.03	0	.03	0	.03	0
7	.02	5	.02	6	.02	6	.02	6	.02	6
6	.02	2	.02	2	.02	2	.02	2	.02	3
5	.01	8	.01	8	.01	8	.01	9	.01	9
4	.01	5	.01	5	.01	5	.01	5	.01	5
3	.01	1	.01	1	.01	1	.01	1	.01	1
2	.00	7	.00	7	.00	7	.00	7	.00	8
1	.00	4	.00	4	.00	4	.00	4	.00	4
	Nov. 8.		Nov. 9.		Nov. 10.		Nov. 11.		Nov. 12.	

Principal.	May 16. 136 Days.			May 17. 137 Days.			May 18. 138 Days.			May 19. 139 Days.			May 20. 140 Days		
$	$	c	m	$	c	m	$	c	m	$	c	m	$	c	m
10,000	37.77	8		38.05	6		38.33	3		38.61	1		38.88	9	
9,000	34.00	0		34.25	0		34.50	0		34.75	0		35.00	0	
8,000	30.22	2		30.44	4		30.66	7		30.88	9		31.11	1	
7,000	26.44	4		26.63	9		26.83	3		27.02	8		27.22	2	
6,000	22.66	7		22.83	3		23.00	0		23.16	7		23.33	3	
5,000	18.88	9		19.02	8		19.16	7		19.30	6		19.44	4	
4,000	15.11	1		15.22	2		15.33	3		15.44	4		15.55	6	
3,000	11.33	3		11.41	7		11.50	0		11.58	3		11.66	7	
2,000	7.55	6		7.61	1		7.66	7		7.72	2		7.77	8	
1,000	3.77	8		3.80	6		3.83	3		3.86	1		3.88	9	
900		3.40	0		3.42	5		3.45	0		3.47	5		3.50	0
800		3.02	2		3.04	4		3.06	7		3.08	9		3.11	1
700		2.64	4		2.66	4		2.68	3		2.70	3		2.72	2
600		2.26	7		2.28	3		2.30	0		2.31	7		2.33	3
500		1.88	9		1.90	3		1.91	7		1.93	1		1.94	4
400		1.51	1		1.52	2		1.53	3		1.54	4		1.55	6
300		1.13	3		1.14	2		1.15	0		1.15	8		1.16	7
200		.75	6		.76	1		.76	7		.77	2		.77	8
100		,37	8		.38	1		,38	3		.38	6		,38	9
90		.34	0		.34	3		.34	5		.34	8		,35	0
80		.30	2		.30	4		.30	7		.30	9		,31	1
70		.26	4		.26	6		.26	8		.27	0		,27	2
60		.22	7		.22	8		.23	0		.23	2		,23	3
50		.18	9		.19	0		.19	2		.19	3		,19	4
40		,15	1		.15	2		.15	3		,15	4		.15	6
30		.11	3		.11	4		.11	5		.11	6		.11	7
20		.07	6		.07	6		.07	7		.07	7		.07	8
10		.03	8		.03	8		.03	8		.03	9		.03	9
9		.03	4		.03	4		.03	5		.03	5		,03	5
8		.03	0		.03	0		.03	1		.03	1		,03	1
7		.02	6		,02	7		.02	7		.02	7		.02	7
6		.02	3		,02	3		.02	3		.02	3		.02	3
5		.01	9		,01	9		.01	9		.01	9		.01	9
4		.01	5		.01	5		.01	5		.01	5		.01	6
3		.01	1		.01	1		.01	2		.01	2		.01	2
2		.00	8		.00	8		.00	8		.00	8		.00	8
1		.00	4		.00	4		.00	4		.00	4		,00	4
	Nov. 13.			Nov. 14.			Nov. 15.			Nov. 16.			Nov. 17		

145

Principal.	May 21. 141 Days.		May 22. 142 Days.		May 23. 143 Days.		May 24. 144 Days		May 25. 145 Days.	
$	$ c	m	$ c	m	$ c	m	$ c	m	$ c	m
10,000	39.16	7	39.44	4	39.72	2	40.00	0	40.27	8
9,000	35.25	0	35.50	0	35.75	0	36.00	0	36.25	0
8,000	31.33	3	31.55	6	31.77	8	32.00	0	32.22	2
7,000	27.41	7	27.61	1	27.80	6	28.00	0	28.19	4
6,000	23.50	0	23.66	7	23.83	3	24.00	0	24.16	7
5,000	19.58	3	19.72	2	19.86	1	20.00	0	20.13	9
4,000	15.66	7	15.77	8	15.88	9	16.00	0	16.11	1
3,000	11.75	0	11.83	3	11.91	7	12.00	0	12.08	3
2,000	7.83	3	7.88	9	7.94	4	8.00	0	8.05	6
1,000	3.91	7	3.94	4	3.97	2	4.00	0	4.02	8
900	3.52	5	3.55	0	3.57	5	3.60	0	3.62	5
800	3.13	3	3.15	6	3.17	8	3.20	0	3.22	2
700	2.74	2	2.76	1	2.78	1	2.80	0	2.81	9
600	2.35	0	2.36	7	2.38	3	2.40	0	2.41	7
500	1.95	8	1.97	2	1.98	6	2.00	0	2.01	4
400	1.56	7	1.57	8	1.58	9	1.60	0	1.61	1
300	1.17	5	1.18	3	1.19	2	1.20	0	1.20	8
200	.78	3	.78	9	.79	4	.80	0	.80	6
100	.39	2	.39	4	.39	7	.40	0	.40	3
90	.35	3	.35	5	.35	8	.36	0	.36	3
80	.31	3	.31	6	.31	8	.32	0	.32	2
70	.27	4	.27	6	.27	8	.28	0	.28	2
60	.23	5	.23	7	.23	8	.24	0	.24	2
50	.19	6	.19	7	.19	9	.20	0	.20	1
40	.15	7	.15	8	.15	9	.16	0	.16	1
30	.11	8	.11	8	.11	9	.12	0	.12	1
20	.07	8	.07	9	.07	9	.08	0	.08	1
10	.03	9	.03	9	.04	0	.04	0	.04	0
9	.03	5	.03	6	.03	6	.03	6	.03	6
8	.03	1	.03	2	.03	2	.03	2	.03	2
7	.02	7	.02	8	.02	8	.02	8	.02	8
6	.02	4	.02	4	.02	4	.02	4	.02	4
5	.02	0	.02	0	.02	0	.02	0	.02	0
4	.01	6	.01	6	.01	6	.01	6	.01	6
3	.01	2	.01	2	.01	2	.01	2	.01	2
2	.00	8	.00	8	.00	8	.00	8	.00	8
1	.00	4	.00	4	.00	4	.00	4	.00	4
	Nov. 18.		Nov. 19.		Nov. 20.		Nov. 21.		Nov. 22.	

150

Principal.	May 26. 146 Days			May 27. 147 Days			May 28. 148 Days			May 29. 149 Days			May 30. 150 Days		
$	$	c	m	$	c	m	$	c	m	$	c	m	$	c	m
10,000	40.55	6		40.83	3		41.11	1		41.38	9		41.66	7	
9,000	36.50	0		36.75	0		37.00	0		37.25	0		37.50	0	
8,000	32.44	4		32.66	7		32.88	9		33.11	1		33.33	3	
7,000	28.38	9		28.58	3		28.77	8		28.97	2		29.16	7	
6,000	24.33	3		24.50	0		24.66	7		24.83	3		25.00	0	
5,000	20.27	8		20.41	7		20.55	6		20.69	4		20.83	3	
4,000	16.22	2		16.33	3		16.44	4		16.55	6		16.66	7	
3,000	12.16	7		12.25	0		12.33	3		12.41	7		12.50	0	
2,000	8.11	1		8.16	7		8.22	2		8.27	8		8.33	3	
1,000	4.05	6		4.08	3		4.11	1		4.13	9		4.16	7	
900	3.65	0		3.67	5		3.70	0		3.72	5		3.75	0	
800	3.24	4		3.26	7		3.28	9		3.31	1		3.33	3	
700	2.83	9		2.85	8		2.87	8		2.89	7		2.91	7	
600	2.43	3		2.45	0		2.46	7		2.48	3		2.50	0	
500	2.02	8		2.04	2		2.05	6		2.06	9		2.08	3	
400	1.62	2		1.63	3		1.64	4		1.65	6		1.66	7	
300	1.21	7		1.22	5		1.23	3		1.24	2		1.25	0	
200	.81	1		.81	7		.82	2		.82	8		.83	3	
100	.40	6		.40	8		.41	1		.41	4		.41	7	
90	.36	5		.36	8		.37	0		.37	3		.37	5	
80	.32	4		.32	7		.32	9		.33	1		.33	3	
70	.28	4		.28	6		.28	8		.29	0		.29	2	
60	.24	3		.24	5		.24	7		.24	8		.25	0	
50	.20	3		.20	4		.20	6		.20	7		.20	8	
40	.16	2		.16	3		.16	4		.16	6		.16	7	
30	.12	2		.12	3		.12	3		.12	4		.12	5	
20	.08	1		.08	2		.08	2		.08	3		.08	3	
10	.04	1		.04	1		.04	1		.04	1		.04	2	
9	.03	7		.03	7		.03	7		.03	7		.03	8	
8	.03	2		.03	3		.03	3		.03	3		.03	3	
7	.02	8		.02	9		.02	9		.02	9		.02	9	
6	.02	4		.02	5		.02	5		.02	5		.02	5	
5	.02	0		.02	0		.02	1		.02	1		.02	1	
4	.01	6		.01	6		.01	6		.01	7		.01	7	
3	.01	2		.01	2		.01	2		.01	2		.01	3	
2	.00	8		.00	8		.00	8		.00	8		.00	8	
1	.00	4		.00	4		.00	4		.00	4		.00	4	

Nov. 23. Nov. 24. Nov. 25. Nov. 26. Nov. 27.

155

Principal	May 31. 151 Days.	June 1. 152 Days	June 2. 153 Days	June 3. 154 Days	June 4. 155 Days
$	$ c m	$ c m	$ c m	$ c m	$ c m
10,000	41.94 4	42.22 2	42.50 0	42.77 8	43.05 6
9,000	37.75 0	38.00 0	38.25 0	38.50 0	38.75 0
8,000	33.55 6	33.77 8	34.00 0	34.22 2	34.44 4
7,000	29.36 1	29.55 6	29.75 0	29.94 4	30.13 9
6,000	25.16 7	25.33 3	25.50 0	25.66 7	25.83 3
5,000	20.97 2	21.11 1	21.25 0	21.38 9	21.52 8
4,000	16.77 8	16.88 9	17.00 0	17.11 1	17.22 2
3,000	12.58 3	12.66 7	12.75 0	12.83 3	12.91 7
2,000	8.38 9	8.44 4	8.50 0	8.55 6	8.61 1
1,000	4.19 4	4.22 2	4.25 0	4.27 8	4.30 6
900	3.77 5	3.80 0	3.82 5	3.85 0	3.87 5
800	3.35 6	3.37 8	3.40 0	3.42 2	3.44 4
700	2.93 6	2.95 6	2.97 5	2.99 4	3.01 4
600	2.51 7	2.53 3	2.55 0	2.56 7	2.58 3
500	2.09 7	2.11 1	2.12 5	2.13 9	2.15 3
400	1.67 8	1.68 9	1.70 0	1.71 1	1.72 2
300	1.25 8	1.26 7	1.27 5	1.28 3	1.29 2
200	.83 9	.84 4	.85 0	.85 6	.86 1
100	.41 9	.42 2	.42 5	.42 8	.43 1
90	.37 8	.38 0	.38 3	.38 5	.38 8
80	.33 6	.33 8	.34 0	.34 2	.34 4
70	.29 4	.29 6	.29 8	.29 9	.30 1
60	.25 2	.25 3	.25 5	.25 7	.25 8
50	.21 0	.21 1	.21 3	.21 4	.21 5
40	.16 8	.16 9	.17 0	.17 1	.17 2
30	.12 6	.12 7	.12 8	.12 8	.12 9
20	.08 4	.08 4	.08 5	.08 6	.08 6
10	.04 2	.04 2	.04 3	.04 3	.04 3
9	.03 8	.03 8	.03 8	.03 9	.03 9
8	.03 4	.03 4	.03 4	.03 4	.03 4
7	.02 9	.03 0	.03 0	.03 0	.03 0
6	.02 5	.02 5	.02 6	.02 6	.02 6
5	.02 1	.02 1	.02 1	.02 1	.02 2
4	.01 7	.01 7	.01 7	.01 7	.01 7
3	.01 3	.01 3	.01 3	.01 3	.01 3
2	.00 8	.00 8	.00 9	.00 9	.00 9
1	.00 4	.00 4	.00 4	.00 4	.00 4
	Nov. 28.	Nov. 29.	Nov. 30.	Dec. 1.	Dec. 2.

June 150.

160

Principal.	June 5. 156 Days.		June 6. 157 Days.		June 7. 158 Days.		June 8. 159 Days.		June 9. 160 Days.	
$	$ c	m	$ c	m	$ c	m	$ c	m	$ c	m
10,000	43.33	3	43.61	1	43.88	9	44.16	7	44.44	4
9,000	39.00	0	39.25	0	39.50	0	39.75	0	40.00	0
8,000	34.66	7	34.88	9	35.11	1	35.33	3	35.55	6
7,000	30.33	3	30.52	8	30.72	2	30.91	7	31.11	1
6,000	26.00	0	26.16	7	26.33	3	26.50	0	26.66	7
5,000	21.66	7	21.80	6	21.94	4	22.08	3	22.22	2
4,000	17.33	3	17.44	4	17.55	6	17.66	7	17.77	8
3,000	13.00	0	13.08	3	13.16	7	13.25	0	13.33	3
2,000	8.66	7	8.72	2	8.77	8	8.83	3	8.88	9
1,000	4.33	3	4.36	1	4.38	9	4.41	7	4.44	4
900	3.90	0	3.92	5	3.95	0	3.97	5	4.00	0
800	3.46	7	3.48	9	3.51	1	3.53	3	3.55	6
700	3.03	3	3.05	3	3.07	2	3.09	2	3.11	1
600	2.60	0	2.61	7	2.63	3	2.65	0	2.66	7
500	2.16	7	2.18	1	2.19	4	2.20	8	2.22	2
400	1.73	3	1.74	4	1.75	6	1.76	7	1.77	8
300	1.30	0	1.30	8	1.31	7	1.32	5	1.33	3
200	.86	7	.87	2	.87	8	.88	3	.88	9
100	.43	3	.43	6	.43	9	.44	2	.44	4
90	.39	0	.39	3	.39	5	.39	8	.40	0
80	.34	7	.34	9	.35	1	.35	3	.35	6
70	.30	3	.30	5	.30	7	.30	9	.31	1
60	.26	0	.26	2	.26	3	.26	5	.26	7
50	.21	7	.21	8	.21	9	.22	1	.22	2
40	.17	3	.17	4	.17	6	.17	7	.17	8
30	.13	0	.13	1	.13	2	.13	3	.13	3
20	.08	7	.08	7	.08	8	.08	8	.08	9
10	.04	3	.04	4	.04	4	.04	4	.04	4
9	.03	9	.03	9	.04	0	.04	0	.04	0
8	.03	5	.03	5	.03	5	.03	5	.03	6
7	.03	0	.03	1	.03	1	.03	1	.03	1
6	.02	6	.02	6	.02	6	.02	7	.02	7
5	.02	2	.02	2	.02	2	.02	2	.02	2
4	.01	7	.01	7	.01	8	.01	8	.01	8
3	.01	3	.01	3	.01	3	.01	3	.01	3
2	.00	9	.00	9	.00	9	.00	9	.00	9
1	.00	4	.00	4	.00	4	.00	4	.00	4
	Dec. 3.		Dec. 4.		Dec. 5.		Dec. 6.		Dec. 7.	

165

Principal	June 10. 161 Days. $ c m	June 11. 162 Days. $ c m	June 12. 163 Days. $ c m	June 13. 164 Days. $ c m	June 14. 165 Days. $ c m
$10,000	44.72 2	45.00 0	45.27 8	45.55 6	45.83 3
9,000	40.25 0	40.50 0	40.75 0	41.00 0	41.25 0
8,000	35.77 8	36.00 0	36.22 2	36.44 4	36.66 7
7,000	31.30 6	31.50 0	31.69 4	31.88 9	32.08 3
6,000	26.83 3	27.00 0	27.16 7	27.33 3	27.50 0
5,000	22.36 1	22.50 0	22.63 9	22.77 8	22.91 7
4,000	17.88 9	18.00 0	18.11 1	18.22 2	18.33 3
3,000	13.41 7	13.50 0	13.58 3	13.66 7	13.75 0
2,000	8.94 4	9.00 0	9.05 6	9.11 1	9.16 7
1,000	4.47 2	4.50 0	4.52 8	4.55 6	4.58 3
900	4.02 5	4.05 0	4.07 5	4.10 0	4.12 5
800	3.57 8	3.60 0	3.62 2	3.64 4	3.66 7
700	3.13 1	3.15 0	3.16 9	3.18 9	3.20 8
600	2.68 3	2.70 0	2.71 7	2.73 3	2.75 0
500	2.23 6	2.25 0	2.26 4	2.27 8	2.29 2
400	1.78 9	1.80 0	1.81 1	1.82 2	1.83 3
300	1.34 2	1.35 0	1.35 8	1.36 7	1.37 5
200	.89 4	.90 0	.90 6	.91 1	.91 7
100	.44 7	.45 0	.45 3	.45 6	.45 8
90	.40 3	.40 5	.40 8	.41 0	.41 3
80	.35 8	.36 0	.36 2	.36 4	.36 7
70	.31 3	.31 5	.31 7	.31 9	.32 1
60	.26 8	.27 0	.27 2	.27 3	.27 5
50	.22 4	.22 5	.22 6	.22 8	.22 9
40	.17 9	.18 0	.18 1	.18 2	.18 3
30	.13 4	.13 5	.13 6	.13 7	.13 8
20	.08 9	.09 0	.09 1	.09 1	.09 2
10	.04 5	.04 5	.04 5	.04 6	.04 6
9	.04 0	.04 1	.04 1	.04 1	.04 1
8	.03 6	.03 6	.03 6	.03 6	.03 7
7	.03 1	.03 2	.03 2	.03 2	.03 2
6	.02 7	.02 7	.02 7	.02 7	.02 8
5	.02 2	.02 3	.02 3	.02 3	.02 3
4	.01 8	.01 8	.01 8	.01 8	.01 8
3	.01 3	.01 4	.01 4	.01 4	.01 4
2	.00 9	.00 9	.00 9	.00 9	.00 9
1	.00 4	.00 5	.00 5	.00 5	.00 5
	Dec. 8.	Dec. 9.	Dec. 10.	Dec. 11.	Dec. 12.

170

Principal	June 15. 166 Days.		June 16. 167 Days.		June 17. 168 Days.		June 18. 169 Days.		June 19. 170 Days	
$	$ c	m	$ c	m	$ c	m	$ c	m	$ c	m
10,000	46.11	1	46.38	9	46.66	7	46.94	4	47.22	2
9,000	41.50	0	41.75	0	42.00	0	42.25	0	42.50	0
8,000	36.88	9	37.11	1	37.33	3	37.55	6	37.77	8
7,000	32.27	8	32.47	2	32.66	7	32.86	1	33.05	6
6,000	27.66	7	27.83	3	28.00	0	28.16	7	28.33	3
5,000	23.05	6	23.19	4	23.33	3	23.47	2	23.61	1
4,000	18.44	4	18.55	6	18.66	7	18.77	8	18.88	9
3,000	13.83	3	13.91	7	14.00	0	14.08	3	14.16	7
2,000	9.22	2	9.27	8	9.33	3	9.38	9	9.44	4
1,000	4.61	1	4.63	9	4.66	7	4.69	4	4.72	2
900	4.15	0	4.17	5	4.20	0	4.22	5	4.25	0
800	3.68	9	3.71	1	3.73	3	3.75	6	3.77	8
700	3.22	8	3.24	7	3.26	7	3.28	6	3.30	6
600	2.76	7	2.78	3	2.80	0	2.81	7	2.83	3
500	2.30	6	2.31	9	2.33	3	2.34	7	2.36	1
400	1.84	4	1.85	6	1.86	7	1.87	8	1.88	9
300	1.38	3	1.39	2	1.40	0	1.40	8	1.41	7
200	.92	2	.92	8	.93	3	.93	9	.94	4
100	.46	1	.46	4	.46	7	.46	9	.47	2
90	.41	5	.41	8	.42	0	.42	3	.42	5
80	.36	9	.37	1	.37	3	.37	6	.37	8
70	.32	3	.32	5	.32	7	.32	9	.33	1
60	.27	7	.27	8	.28	0	.28	2	.28	3
50	.23	1	.23	2	.23	3	.23	5	.23	6
40	.18	4	.18	6	.18	7	.18	8	.18	9
30	.13	8	.13	9	.14	0	.14	1	.14	2
20	.09	2	.09	3	.09	3	.09	4	.09	4
10	.04	6	.04	6	.04	7	.04	7	.04	7
9	.04	2	.04	2	.04	2	.04	2	.04	3
8	.03	7	.03	7	.03	7	.03	8	.03	8
7	.03	2	.03	2	.03	3	.03	3	.03	3
6	.02	8	.02	8	.02	8	.02	8	.02	8
5	.02	3	.02	3	.02	3	.02	3	.02	4
4	.01	8	.01	9	.01	9	.01	9	.01	9
3	.01	4	.01	4	.01	4	.01	4	.01	4
2	.00	9	.00	9	.00	9	.00	9	.00	9
1	.00	5	.00	5	.00	5	.00	5	.00	5
	Dec. 13.		Dec. 14.		Dec. 15.		Dec. 16.		Dec. 17	

Principal	June 20. 171 Days.	June 21. 172 Days.	June 22. 173 Days.	June 23. 174 Days	June 24. 175 Days.
$	$ c m	$ c m	$ c m	$ c m	$ c m
10,000	47.50 0	47.77 8	48.05 6	48.33 3	48.61 1
9,000	42.75 0	43.00 0	43.25 0	43.50 0	43.75 0
8,000	38.00 0	38.22 2	38.44 4	38.66 7	38.88 9
7,000	33.25 0	33.44 4	33.63 9	33.83 3	34.02 8
6,000	28.50 0	28.66 7	28.83 3	29.00 0	29.16 7
5,000	23.75 0	23.88 9	24.02 8	24.16 7	24.30 6
4,000	19.00 0	19.11 1	19.22 2	19.33 3	19.44 4
3,000	14.25 0	14.33 3	14.41 7	14.50 0	14.58 3
2,000	9.50 0	9.55 6	9.61 1	9.66 7	9.72 2
1,000	4.75 0	4.77 8	4.80 6	4.83 3	4.86 1
900	4.27 5	4.30 0	4.32 5	4.35 0	4.37 5
800	3.80 0	3.82 2	3.84 4	3.86 7	3.88 9
700	3.32 5	3.34 4	3.36 4	3.38 3	3.40 3
600	2.85 0	2.86 7	2.88 3	2.90 0	2.91 7
500	2.37 5	2.38 9	2.40 3	2.41 7	2.43 1
400	1.90 0	1.91 1	1.92 2	1.93 3	1.94 4
300	1.42 5	1.43 3	1.44 2	1.45 0	1.45 8
200	.95 0	.95 6	.96 1	.96 7	.97 2
100	.47 5	.47 8	.48 1	.48 3	.48 6
90	.42 8	.43 0	.43 3	.43 5	.43 8
80	.38 0	.38 2	.38 4	.38 7	.38 9
70	.33 3	.33 4	.33 6	.33 8	.34 0
60	.28 5	.28 7	.28 8	.29 0	.29 2
50	.23 8	.23 9	.24 0	.24 2	.24 3
40	.19 0	.19 1	.19 2	.19 3	.19 4
30	.14 3	.14 3	.14 4	.14 5	.14 6
20	.09 5	.09 6	.09 6	.09 7	.09 7
10	.04 8	.04 8	.04 8	.04 8	.04 9
9	.04 3	.04 3	.04 3	.04 4	.04 4
8	.03 8	.03 8	.03 8	.03 9	.03 9
7	.03 3	.03 3	.03 4	.03 4	.03 4
6	.02 9	.02 9	.02 9	.02 9	.02 9
5	.02 4	.02 4	.02 4	.02 4	.02 4
4	.01 9	.01 9	.01 9	.01 9	.01 9
3	.01 4	.01 4	.01 4	.01 5	.01 5
2	.01 0	.01 0	.01 0	.01 0	.01 0
1	.00 5	.00 5	.00 5	.00 5	.00 5
	Dec. 18.	Dec. 19.	Dec. 20.	Dec. 21.	Dec. 22.

180

Principal	June 25. 176 Days.		June 26. 177 Days		June 27. 178 Days		June 28. 179 Days		June 29. 180 Days	
$	$ c	m	$ c	m	$ c	m	$ c	m	$ c	m
10,000	48.88	9	49.16	7	49.44	4	49.72	2	50.00	0
9,000	44.00	0	44.25	0	44.50	0	44.75	0	45.00	0
8,000	39.11	1	39.33	3	39.55	6	39.77	8	40.00	0
7,000	34.22	2	34.41	7	34.61	1	34.80	6	35.00	0
6,000	29.33	3	29.50	0	29.66	7	29.83	3	30.00	0
5,000	24.44	4	24.58	3	24.72	2	24.86	1	25.00	0
4,000	19.55	6	19.66	7	19.77	8	19.88	9	20.00	0
3,000	14.66	7	14.75	0	14.83	3	14.91	7	15.00	0
2,000	9.77	8	9.83	3	9.88	9	9.94	4	10.00	0
1,000	4.88	9	4.91	7	4.94	4	4.97	2	5.00	0
900	4.40	0	4.42	5	4.45	0	4.47	5	4.50	0
800	3.91	1	3.93	3	3.95	6	3.97	8	4.00	0
700	3.42	2	3.44	2	3.46	1	3.48	1	3.50	0
600	2.93	3	2.95	0	2.96	7	2.98	3	3.00	0
500	2.44	4	2.45	8	2.47	2	2.48	6	2.50	0
400	1.95	6	1.96	7	1.97	8	1.98	9	2.00	0
300	1.46	7	1.47	5	1.48	3	1.49	2	1.50	0
200	.97	8	.98	3	.98	9	.99	4	1.00	0
100	.48	9	.49	2	.49	4	.49	7	.50	0
90	.44	0	.44	3	.44	5	.44	8	.45	0
80	.39	1	.39	3	.39	6	.39	8	.40	0
70	.34	2	.34	4	.34	6	.34	8	.35	0
60	.29	3	.29	5	.29	7	.29	8	.30	0
50	.24	4	.24	6	.24	7	.24	9	.25	0
40	.19	6	.19	7	.19	8	.19	9	.20	0
30	.14	7	.14	8	.14	8	.14	9	.15	0
20	.09	8	.09	8	.09	9	.09	9	.10	0
10	.04	9	.04	9	.04	9	.05	0	.05	0
9	.04	4	.04	4	.04	5	.04	5	.04	5
8	.03	9	.03	9	.04	0	.04	0	.04	0
7	.03	4	.03	4	.03	5	.03	5	.03	5
6	.02	9	.03	0	.03	0	.03	0	.03	0
5	.02	4	.02	5	.02	5	.02	5	.02	5
4	.02	0	.02	0	.02	0	.02	0	.02	0
3	.01	5	.01	5	.01	5	.01	5	.01	5
2	.01	0	.01	0	.01	0	.01	0	.01	0
1	.00	5	.00	5	.00	5	.00	5	.00	5
	Dec. 23.		Dec. 24.		Dec. 25.		Dec. 26.		Dec. 27.	

185

Principal	June 30. 181 Days.			July 1. 182 Days.			July 2. 183 Days.			July 3. 184 Days.			July 4. 185 Days.		
$	$	c	m	$	c	m	$	c	m	$	c	m	$	c	m
10,000	50	.27	8	50	.55	6	50	.83	3	51	.11	1	51	.38	9
9,000	45	.25	0	45	.50	0	45	.75	0	46	.00	0	46	.25	0
8,000	40	.22	2	40	.44	4	40	.66	7	40	.88	9	41	.11	1
7,000	35	.19	4	35	.38	9	35	.58	3	35	.77	8	35	.97	2
6,000	30	.16	7	30	.33	3	30	.50	0	30	.66	7	30	.83	3
5,000	25	.13	9	25	.27	8	25	.41	7	25	.55	6	25	.69	4
4,000	20	.11	1	20	.22	2	20	.33	3	20	.44	4	20	.55	6
3,000	15	.08	3	15	.16	7	15	.25	0	15	.33	3	15	.41	7
2,000	10	.05	6	10	.11	1	10	.16	7	10	.22	2	10	.27	8
1,000	5	.02	8	5	.05	6	5	.08	3	5	.11	1	5	.13	9
900	4	.52	5	4	.55	0	4	.57	5	4	.60	0	4	.62	5
800	4	.02	2	4	.04	4	4	.06	7	4	.08	9	4	.11	1
700	3	.51	9	3	.53	9	3	.55	8	3	.57	8	3	.59	7
600	3	.01	7	3	.03	3	3	.05	0	3	.06	7	3	.08	3
500	2	.51	4	2	.52	8	2	.54	2	2	.55	6	2	.56	9
400	2	.01	1	2	.02	2	2	.03	3	2	.04	4	2	.05	6
300	1	.50	8	1	.51	7	1	.52	5	1	.53	3	1	.54	2
200	1	.00	6	1	.01	1	1	.01	7	1	.02	2	1	.02	8
100		.50	3		.50	6		.50	8		.51	1		.51	4
90		.45	3		.45	5		.45	8		.46	0		.46	3
80		.40	2		.40	4		.40	7		.40	9		.41	1
70		.35	2		.35	4		.35	6		.35	8		.36	0
60		.30	2		.30	3		.30	5		.30	7		.30	8
50		.25	1		.25	3		.25	4		.25	6		.25	7
40		.20	1		.20	2		.20	3		.20	4		.20	6
30		.15	1		.15	2		.15	3		.15	3		.15	4
20		.10	1		.10	1		.10	2		.10	2		.10	3
10		.05	0		.05	1		.05	1		.05	1		.05	1
9		.04	5		.04	6		.04	6		.04	6		.04	6
8		.04	0		.04	0		.04	1		.04	1		.04	1
7		.03	5		.03	5		.03	6		.03	6		.03	6
6		.03	0		.03	0		.03	1		.03	1		.03	1
5		.02	5		.02	5		.02	5		.02	6		.02	6
4		.02	0		.02	0		.02	0		.02	0		.02	1
3		.01	5		.01	5		.01	5		.01	5		.01	5
2		.01	0		.01	0		.01	0		.01	0		.01	0
1		.00	5		.00	5		.00	5		.00	5		.00	5
	Dec. 28.			Dec. 29.			Dec. 30.			Dec. 31.			Jan. 1.		

July 180.

190

Principal.	July 5. 186 Days.			July 6. 187 Days.			July 7. 188 Days.			July 8. 189 Days.			July 9. 190 Days.		
$	$	c	m	$	c	m	$	c	m	$	c	m	$	c	m
10,000	51	66	7	51	94	4	52	22	2	52	50	0	52	77	8
9,000	46	50	0	46	75	0	47	00	0	47	25	0	47	50	0
8,000	41	33	3	41	55	6	41	77	8	42	00	0	42	22	2
7,000	36	16	7	36	36	1	36	55	6	36	75	0	36	94	4
6,000	31	00	0	31	16	7	31	33	3	31	50	0	31	66	7
5,000	25	83	3	25	97	2	26	11	1	26	25	0	26	38	9
4,000	20	66	7	20	77	8	20	88	9	21	00	0	21	11	1
3,000	15	50	0	15	58	3	15	66	7	15	75	0	15	83	3
2,000	10	33	3	10	38	9	10	44	4	10	50	0	10	55	6
1,000	5	16	7	5	19	4	5	22	2	5	25	0	5	27	8
900	4	65	0	4	67	5	4	70	0	4	72	5	4	75	0
800	4	13	3	4	15	6	4	17	8	4	20	0	4	22	2
700	3	61	7	3	63	6	3	65	6	3	67	5	3	69	4
600	3	10	0	3	11	7	3	13	3	3	15	0	3	16	7
500	2	58	3	2	59	7	2	61	1	2	62	5	2	63	9
400	2	06	7	2	07	8	2	08	9	2	10	0	2	11	1
300	1	55	0	1	55	8	1	56	7	1	57	5	1	58	3
200	1	03	3	1	03	9	1	04	4	1	05	0	1	05	6
100		51	7		51	9		52	2		52	5		52	8
90		46	5		46	8		47	0		47	3		47	5
80		41	3		41	6		41	8		42	0		42	2
70		36	2		36	4		36	6		36	8		36	9
60		31	0		31	2		31	3		31	5		31	7
50		25	8		26	0		26	1		26	3		26	4
40		20	7		20	8		20	9		21	0		21	1
30		15	5		15	6		15	7		15	8		15	8
20		10	3		10	4		10	4		10	5		10	6
10		05	2		05	2		05	2		05	3		05	3
9		04	7		04	7		04	7		04	7		04	8
8		04	1		04	2		04	2		04	2		04	2
7		03	6		03	6		03	7		03	7		03	7
6		03	1		03	1		03	1		03	2		03	2
5		02	6		02	6		02	6		02	6		02	6
4		02	1		02	1		02	1		02	1		02	1
3		01	6		01	6		01	6		01	6		01	6
2		01	0		01	0		01	0		01	1		01	1
1		00	5		00	5		00	5		00	5		00	5
	Jan. 2.			Jan. 3.			Jan. 4.			Jan. 5.			Jan. 6.		

Principal.	July 10. 191 Days.			July 11. 192 Days.			July 12. 193 Days.			July 13. 194 Days.			July 14. 195 Days.		
$	$	c	m	$	c	m	$	c	m	$	c	m	$	c	m
10,000	53	05	6	53	33	3	53	61	1	53	88	9	54	16	7
9,000	47	75	0	48	00	0	48	25	0	48	50	0	48	75	0
8,000	42	44	4	42	66	7	42	88	9	43	11	1	43	33	3
7,000	37	13	9	37	33	3	37	52	8	37	72	2	37	91	7
6,000	31	83	3	32	00	0	32	16	7	32	33	3	32	50	0
5,000	26	52	8	26	66	7	26	80	6	26	94	4	27	08	3
4,000	21	22	2	21	33	3	21	44	4	21	55	6	21	66	7
3,000	15	91	7	16	00	0	16	08	3	16	16	7	16	25	0
2,000	10	61	1	10	66	7	10	72	2	10	77	8	10	83	3
1,000	5	30	6	5	33	3	5	36	1	5	38	9	5	41	7
900	4	77	5	4	80	0	4	82	5	4	85	0	4	87	5
800	4	24	4	4	26	7	4	28	9	4	31	1	4	33	3
700	3	71	4	3	73	3	3	75	3	3	77	2	3	79	2
600	3	18	3	3	20	0	3	21	7	3	23	3	3	25	0
500	2	65	3	2	66	7	2	68	1	2	69	4	2	70	8
400	2	12	2	2	13	3	2	14	4	2	15	6	2	16	7
300	1	59	2	1	60	0	1	60	8	1	61	7	1	62	5
200	1	06	1	1	06	7	1	07	2	1	07	8	1	08	3
100		53	1		53	3		53	6		53	9		54	2
90		47	8		48	0		48	3		48	5		48	8
80		42	4		42	7		42	9		43	1		43	3
70		37	1		37	3		37	5		37	7		37	9
60		31	8		32	0		32	2		32	3		32	5
50		26	5		26	7		26	8		26	9		27	1
40		21	2		21	3		21	4		21	6		21	7
30		15	9		16	0		16	1		16	2		16	3
20		10	6		10	7		10	7		10	8		10	8
10		05	3		05	3		05	4		05	4		05	4
9		04	8		04	8		04	8		04	9		04	9
8		04	2		04	3		04	3		04	3		04	3
7		03	7		03	7		03	8		03	8		03	8
6		03	2		03	2		03	2		03	2		03	3
5		02	7		02	7		02	7		02	7		02	7
4		02	1		02	1		02	1		02	2		02	2
3		01	6		01	6		01	6		01	6		01	6
2		01	1		01	1		01	1		01	1		01	1
1		00	5		00	5		00	5		00	5		00	5
	Jan. 7.			Jan. 8.			Jan. 9.			Jan. 10.			Jan. 11.		

Principal.	July 15. 196 Days.			July 16. 197 Days.			July 17. 198 Days.			July 18. 199 Days.			July 19. 200 Days		
$	$	c	m	$	c	m	$	c	m	$	c	m	$	c	m
10,000	54	.44	4	54	.72	2	55	.00	0	55	.27	8	55	.55	6
9,000	49	.00	0	49	.25	0	49	.50	0	49	.75	0	50	.00	0
8,000	43	.55	6	43	.77	8	44	.00	0	44	.22	2	44	.44	4
7,000	38	.11	1	38	.30	6	38	.50	0	38	.69	4	38	.88	9
6,000	32	.66	7	32	.83	3	33	.00	0	33	.16	7	33	.33	3
5,000	27	.22	2	27	.36	1	27	.50	0	27	.63	9	27	.77	8
4,000	21	.77	8	21	.88	9	22	.00	0	22	.11	1	22	.22	2
3,000	16	.33	3	16	.41	7	16	.50	0	16	.58	3	16	.66	7
2,000	10	.88	9	10	.94	4	11	.00	0	11	.05	6	11	.11	1
1,000	5	.44	4	5	.47	2	5	.50	0	5	.52	8	5	.55	6
900	4	.90	0	4	.92	5	4	.95	0	4	.97	5	5	.00	0
800	4	.35	6	4	.37	8	4	.40	0	4	.42	2	4	.44	4
700	3	.81	1	3	.83	1	3	.85	0	3	.86	9	3	.88	9
600	3	.26	7	3	.28	3	3	.30	0	3	.31	7	3	.33	3
500	2	.72	2	2	.73	6	2	.75	0	2	.76	4	2	.77	8
400	2	.17	8	2	.18	9	2	.20	0	2	.21	1	2	.22	2
300	1	.63	3	1	.64	2	1	.65	0	1	.65	8	1	.66	7
200	1	.08	9	1	.09	4	1	.10	0	1	.10	6	1	.11	1
100		,54	4		.54	7		,55	0		.55	3		.55	6
90		.49	0		.49	3		,49	5		.49	8		.50	0
80		.43	6		.43	8		.44	0		.44	2		.44	4
70		.38	1		.38	3		.38	5		.38	7		.38	9
60		.32	7		.32	8		.33	0		.33	2		.33	3
50		.27	2		.27	4		.27	5		.27	6		.27	8
40		,21	8		.21	9		,22	0		.22	1		.22	2
30		,16	3		.16	4		.16	5		.16	6		.16	7
20		.10	9		.10	9		.11	0		.11	1		.11	1
10		.05	4		,05	5		.05	5		.05	5		.05	6
9		.04	9		,04	9		.05	0		.05	0		.05	0
8		.04	4		,04	4		.04	4		.04	4		.04	4
7		.03	8		,03	8		.03	9		.03	9		.03	9
6		.03	3		,03	3		.03	3		.03	3		.03	3
5		.02	7		.02	7		.02	8		.02	8		.02	8
4		.02	2		.02	2		.02	2		.02	2		.02	2
3		.01	6		.01	6		.01	7		.01	7		.01	7
2		.01	1		.01	1		.01	1		.01	1		.01	1
1		.00	5		.00	5		.00	6		.00	6		.00	6
	Jan. 12.			Jan. 13.			Jan. 14,			Jan. 15,			Jan. 16.		

205

Principal.	July 20. 201 Days			July 21. 202 Days			July 22. 203 Days			July 23. 204 Days			July 24. 205 Days		
	$	c	m	$	c	m	$	c	m	$	c	m	$	c	m
10,000	55	83	3	56	11	1	56	38	9	56	66	7	56	94	4
9,000	50	25	0	50	50	0	50	75	0	51	00	0	51	25	0
8,000	44	66	7	44	88	9	45	11	1	45	33	3	45	55	6
7,000	39	08	3	39	27	8	39	47	2	39	66	7	39	86	1
6,000	33	50	0	33	66	7	33	83	3	34	00	0	34	16	7
5,000	27	91	7	28	05	6	28	19	4	28	33	3	28	47	2
4,000	22	33	3	22	44	4	22	55	6	22	66	7	22	77	8
3,000	16	75	0	16	83	3	16	91	7	17	00	0	17	08	3
2,000	11	16	7	11	22	2	11	27	8	11	33	3	11	38	9
1,000	5	58	3	5	61	1	5	63	9	5	66	7	5	69	4
900	5	02	5	5	05	0	5	07	5	5	10	0	5	12	5
800	4	46	7	4	48	9	4	51	1	4	53	3	4	55	6
700	3	90	8	3	92	8	3	94	7	3	96	7	3	98	6
600	3	35	0	3	36	7	3	38	3	3	40	0	3	41	7
500	2	79	2	2	80	6	2	81	9	2	83	3	2	84	7
400	2	23	3	2	24	4	2	25	6	2	26	7	2	27	8
300	1	67	5	1	68	3	1	69	2	1	70	0	1	70	8
200	1	11	7	1	12	2	1	12	8	1	13	3	1	13	9
100		55	8		56	1		56	4		56	7		56	9
90		50	3		50	5		50	8		51	0		51	3
80		44	7		44	9		45	1		45	3		45	6
70		39	1		39	3		39	5		39	7		39	9
60		33	5		33	7		33	8		34	0		34	2
50		27	9		28	1		28	2		28	3		28	5
40		22	3		22	4		22	6		22	7		22	8
30		16	8		16	8		16	9		17	0		17	1
20		11	2		11	2		11	3		11	3		11	4
10		05	6		05	6		05	6		05	7		05	7
9		05	0		05	1		05	1		05	1		05	1
8		04	5		04	5		04	5		04	5		04	6
7		03	9		03	9		03	9		04	0		04	0
6		03	4		03	4		03	4		03	4		03	4
5		02	8		02	8		02	8		02	8		02	8
4		02	2		02	2		02	3		02	3		02	3
3		01	7		01	7		01	7		01	7		01	7
2		01	1		01	1		01	1		01	1		01	1
1		00	6		00	6		00	6		00	6		00	6
	Jan. 17.			Jan. 18.			Jan. 19.			Jan. 20.			Jan. 21.		

Principal.	July 25. 206 Days		July 26. 207 Days		July 27. 208 Days		July 28. 209 Days		July 29. 210 Days	
$	$ c	m	$ c	m	$ c	m	$ c	m	$ c	m
10,000	57.22	2	57.50	0	57.77	8	58.05	6	58.33	3
9,000	51.50	0	51.75	0	52.00	0	52.25	0	52.50	0
8,000	45.77	8	46.00	0	46.22	2	46.44	4	46.66	7
7,000	40.05	6	40.25	0	40.44	4	40.63	9	40.83	3
6,000	34.33	3	34.50	0	34.66	7	34.83	3	35.00	0
5,000	28.61	1	28.75	0	28.88	9	29.02	8	29.16	7
4,000	22.88	9	23.00	0	23.11	1	23.22	2	23.33	3
3,000	17.16	7	17.25	0	17.33	3	17.41	7	17.50	0
2,000	11.44	4	11.50	0	11.55	6	11.61	1	11.66	7
1,000	5.72	2	5.75	0	5.77	8	5.80	6	5.83	3
900	5.15	0	5.17	5	5.20	0	5.22	5	5.25	0
800	4.57	8	4.60	0	4.62	2	4.64	4	4.66	7
700	4.00	6	4.02	5	4.04	4	4.06	4	4.08	3
600	3.43	3	3.45	0	3.46	7	3.48	3	3.50	0
500	2.86	1	2.87	5	2.88	9	2.90	3	2.91	7
400	2.28	9	2.30	0	2.31	1	2.32	2	2.33	3
300	1.71	7	1.72	5	1.73	3	1.74	2	1.75	0
200	1.14	4	1.15	0	1.15	6	1.16	1	1.16	7
100	.57	2	.57	5	.57	8	.58	1	.58	3
90	.51	5	.51	8	.52	0	.52	3	.52	5
80	.45	8	.46	0	.46	2	.46	4	.46	7
70	.40	1	.40	3	.40	4	.40	6	.40	8
60	.34	3	.34	5	.34	7	.34	8	.35	0
50	.28	6	.28	8	.28	9	.29	0	.29	2
40	.22	9	.23	0	.23	1	.23	2	.23	3
30	.17	2	.17	3	.17	3	.17	4	.17	5
20	.11	4	.11	5	.11	6	.11	6	.11	7
10	.05	7	.05	8	.05	8	.05	8	.05	8
9	.05	2	.05	2	.05	2	.05	2	.05	3
8	.04	6	.04	6	.04	6	.04	6	.04	7
7	.04	0	.04	0	.04	0	.04	1	.04	1
6	.03	4	.03	5	.03	5	.03	5	.03	5
5	.02	9	.02	9	.02	9	.02	9	.02	9
4	.02	3	.02	3	.02	3	.02	3	.02	3
3	.01	7	.01	7	.01	7	.01	7	.01	8
2	.01	1	.01	2	.01	2	.01	2	.01	2
1	.00	6	.00	6	.00	6	.00	6	.00	6
	Jan. 22.		Jan. 23		Jan. 24.		Jan. 25,		Jan. 26.	

215

Principal.	July 30. 211 Days.		July 31. 212 Days.		Aug. 1. 213 Days.		Aug. 2. 214 Days.		Aug. 3. 215 Days.	
$	$ c	m	$ c	m	$ c	m	$ c	m	$ c	m
10,000	58.61	1	58.88	9	59.16	7	59.44	4	59.72	2
9,000	52.75	0	53.00	0	53.25	0	53.50	0	53.75	0
8,000	46.88	9	47.11	1	47.33	3	47.55	6	47.77	8
7,000	41.02	8	41.22	2	41.41	7	41.61	1	41.80	6
6,000	35.16	7	35.33	3	35.50	0	35.66	7	35.83	3
5,000	29.30	6	29.44	4	29.58	3	29.72	2	29.86	1
4,000	23.44	4	23.55	6	23.66	7	23.77	8	23.88	9
3,000	17.58	3	17.66	7	17.75	0	17.83	3	17.91	7
2,000	11.72	2	11.77	8	11.83	3	11.88	9	11.94	4
1,000	5.86	1	5.88	9	5.91	7	5.94	4	5.97	2
900	5.27	5	5.30	0	5.32	5	5.35	0	5.37	5
800	4.68	9	4.71	1	4.73	3	4.75	6	4.77	8
700	4.10	3	4.12	2	4.14	2	4.16	1	4.18	1
600	3.51	7	3.53	3	3.55	0	3.56	7	3.58	3
500	2.93	1	2.94	4	2.95	8	2.97	2	2.98	6
400	2.34	4	2.35	6	2.36	7	2.37	8	2.38	9
300	1.75	8	1.76	7	1.77	5	1.78	3	1.79	2
200	1.17	2	1.17	8	1.18	3	1.18	9	1.19	4
100	.58	6	.58	9	.59	2	.59	4	.59	7
90	.52	8	.53	0	.53	3	.53	5	.53	8
80	.46	9	.47	1	.47	3	.47	6	.47	8
70	.41	0	.41	2	.41	4	.41	6	.41	8
60	.35	2	.35	3	.35	5	.35	7	.35	8
50	.29	3	.29	4	.29	6	.29	7	.29	9
40	.23	4	.23	6	.23	7	.23	8	.23	9
30	.17	6	.17	7	.17	8	.17	8	.17	9
20	.11	7	.11	8	.11	8	.11	9	.11	9
10	.05	9	.05	9	.05	9	.05	9	.06	0
9	.05	3	.05	3	.05	3	.05	4	.05	4
8	.04	7	.04	7	.04	7	.04	8	.04	8
7	.04	1	.04	1	.04	1	.04	2	.04	2
6	.03	5	.03	5	.03	6	.03	6	.03	6
5	.02	9	.02	9	.03	0	.03	0	.03	0
4	.02	3	.02	4	.02	4	.02	4	.02	4
3	.01	8	.01	8	.01	8	.01	8	.01	8
2	.01	2	.01	2	.01	2	.01	2	.01	2
1	.00	6	.00	6	.00	6	.00	6	.00	6
	Jan. 27.		Jan. 28.		Jan. 29.		Jan. 30.		Jan. 31.	

Aug. 210.

220

Principal.	Aug. 4. 216 Days		Aug. 5. 217 Days		Aug. 6. 218 Days		Aug. 7. 219 Days		Aug. 8. 220 Days	
$	$ c	m	$ c	m	$ c	m	$ c	m	$ c	m
10,000	60.00	0	60.27	8	60.55	6	60.83	3	61.11	1
9,000	54.00	0	54.25	0	54.50	0	54.75	0	55.00	0
8,000	48.00	0	48.22	2	48.44	4	48.66	7	48.88	9
7,000	42.00	0	42.19	4	42.38	9	42.58	3	42.77	8
6,000	36.00	0	36.16	7	36.33	3	36.50	0	36.66	7
5,000	30.00	0	30.13	9	30.27	8	30.41	7	30.55	6
4,000	24.00	0	24.11	1	24.22	2	24.33	3	24.44	4
3,000	18.00	0	18.08	3	18.16	7	18.25	0	18.33	3
2,000	12.00	0	12.05	6	12.11	1	12.16	7	12.22	2
1,000	6.00	0	6.02	8	6.05	6	6.08	3	6.11	1
900	5.40	0	5.42	5	5.45	0	5.47	5	5.50	0
800	4.80	0	4.82	2	4.84	4	4.86	7	4.88	9
700	4.20	0	4.21	9	4.23	9	4.25	8	4.27	8
600	3.60	0	3.61	7	3.63	3	3.65	0	3.66	7
500	3.00	0	3.01	4	3.02	8	3.04	2	3.05	6
400	2.40	0	2.41	1	2.42	2	2.43	3	2.44	4
300	1.80	0	1.80	8	1.81	7	1.82	5	1.83	3
200	1.20	0	1.20	6	1.21	1	1.21	7	1.22	2
100	.60	0	.60	3	.60	6	.60	8	.61	1
90	.54	0	.54	3	.54	5	.54	8	.55	0
80	.48	0	.48	2	.48	4	.48	7	.48	9
70	.42	0	.42	2	.42	4	.42	6	.42	8
60	.36	0	.36	2	.36	3	.36	5	.36	7
50	.30	0	.30	1	.30	3	.30	4	.30	6
40	.24	0	.24	1	.24	2	.24	3	.24	4
30	.18	0	.18	1	.18	2	.18	3	.18	3
20	.12	0	.12	1	.12	1	.12	2	.12	2
10	.06	0	.06	0	.06	1	.06	1	.06	1
9	.05	4	.05	4	.05	5	.05	5	.05	5
8	.04	8	.04	8	.04	8	.04	9	.04	9
7	.04	2	.04	2	.04	2	.04	3	.04	3
6	.03	6	.03	6	.03	6	.03	7	.03	7
5	.03	0	.03	0	.03	0	.03	0	.03	1
4	.02	4	.02	4	.02	4	.02	4	.02	4
3	.01	8	.01	8	.01	8	.01	8	.01	8
2	.01	2	.01	2	.01	2	.01	2	.01	2
1	.00	6	.00	6	.00	6	.00	6	.00	6
	Feb. 1.		Feb. 2.		Feb. 3.		Feb. 4.		Feb. 5.	

225

Principal.	Aug. 9. 221 Days.			Aug. 10. 222 Days			Aug. 11. 223 Days			Aug. 12. 224 Days			Aug. 13. 225 Days		
$	$	c	m	$	c	m	$	c	m	$	c	m	$	c	m
10,000	61.38		9	61.66		7	61.94		4	62.22		2	62.50		0
9,000	55.25		0	55.50		0	55.75		0	56.00		0	56.25		0
8,000	49.11		1	49.33		3	49.55		6	49.77		8	50.00		0
7,000	42.97		2	43.16		7	43.36		1	43.55		6	43.75		0
6,000	36.83		3	37.00		0	37.16		7	37.33		3	37.50		0
5,000	30.69		4	30.83		3	30.97		2	31.11		1	31.25		0
4,000	24.55		6	24.66		7	24.77		8	24.88		9	25.00		0
3,000	18.41		7	18.50		0	18.58		3	18.66		7	18.75		0
2,000	12.27		8	12.33		3	12.38		9	12.44		4	12.50		0
1,000	6.13		9	6.16		7	6.19		4	6.22		2	6.25		0
900	5.52		5	5.55		0	5.57		5	5.60		0	5.62		5
800	4.91		1	4.93		3	4.95		6	4.97		8	5.00		0
700	4.29		7	4.31		7	4.33		6	4.35		6	4.37		5
600	3.68		3	3.70		0	3.71		7	3.73		3	3.75		0
500	3.06		9	3.08		3	3.09		7	3.11		1	3.12		5
400	2.45		6	2.46		7	2.47		8	2.48		9	2.50		0
300	1.84		2	1.85		0	1.85		8	1.86		7	1.87		5
200	1.22		8	1.23		3	1.23		9	1.24		4	1.25		0
100	.61		4	.61		7	.61		9	.62		2	.62		5
90	.55		3	.55		5	.55		8	.56		0	.56		3
80	.49		1	.49		3	.49		6	.49		8	.50		0
70	.43		0	.43		2	.43		4	.43		6	.43		8
60	.36		8	.37		0	.37		2	.37		3	.37		5
50	.30		7	.30		8	.31		0	.31		1	.31		3
40	.24		6	.24		7	.24		8	.24		9	.25		0
30	.18		4	.18		5	.18		6	.18		7	.18		8
20	.12		3	.12		3	.12		4	.12		4	.12		5
10	.06		1	.06		2	.06		2	.06		2	.06		3
9	.05		5	.05		6	.05		6	.05		6	.05		6
8	.04		9	.04		9	.05		0	.05		0	.05		0
7	.04		3	.04		3	.04		3	.04		4	.04		4
6	.03		7	.03		7	.03		7	.03		7	.03		8
5	.03		1	.03		1	.03		1	.03		1	.03		1
4	.02		5	.02		5	.02		5	.02		5	.02		5
3	.01		8	.01		9	.01		9	.01		9	.01		9
2	.01		2	.01		2	.01		2	.01		2	.01		2
1	.00		6	.00		6	.00		6	.00		6	.00		6
	Feb. 6.			Feb. 7.			Feb. 8,			Feb. 9,			Feb. 10.		

Principal	Aug. 14. 226 Days			Aug. 15. 227 Days			Aug. 16. 228 Days			Aug. 17. 229 Days			Aug. 18. 230 Days		
$	$	c	m	$	c	m	$	c	m	$	c	m	$	c	m
10,000	62	77	8	63	05	6	63	33	3	63	61	1	63	88	9
9,000	56	50	0	56	75	0	57	00	0	57	25	0	57	50	0
8,000	50	22	2	50	44	4	50	66	7	50	88	9	51	11	1
7,000	43	94	4	44	13	9	44	33	3	44	52	8	44	72	2
6,000	37	66	7	37	83	3	38	00	0	38	16	7	38	33	3
5,000	31	38	9	31	52	8	31	66	7	31	80	6	31	94	4
4,000	25	11	1	25	22	2	25	33	3	25	44	4	25	55	6
3,000	18	83	3	18	91	7	19	00	0	19	08	3	19	16	7
2,000	12	55	6	12	61	1	12	66	7	12	72	2	12	77	8
1,000	6	27	8	6	30	6	6	33	3	6	36	1	6	38	9
900	5	65	0	5	67	5	5	70	0	5	72	5	5	75	0
800	5	02	2	5	04	4	5	06	7	5	08	9	5	11	1
700	4	39	4	4	41	4	4	43	3	4	45	3	4	47	2
600	3	76	7	3	78	3	3	80	0	3	81	7	3	83	3
500	3	13	9	3	15	3	3	16	7	3	18	1	3	19	4
400	2	51	1	2	52	2	2	53	3	2	54	4	2	55	6
300	1	88	3	1	89	2	1	90	0	1	90	8	1	91	7
200	1	25	6	1	26	1	1	26	7	1	27	2	1	27	8
100		,62	8		,63	1		,63	3		,63	6		,63	9
90		,56	5		,56	8		,57	0		,57	3		,57	5
80		,50	2		,50	4		,50	7		,50	9		,51	1
70		,43	9		,44	1		,44	3		,44	5		,44	7
60		,37	7		,37	8		,38	0		,38	2		,38	3
50		,31	4		,31	5		,31	7		,31	8		,31	9
40		,25	1		,25	2		,25	3		,25	4		,25	6
30		,18	8		,18	9		,19	0		,19	1		,19	2
20		,12	6		,12	6		,12	7		,12	7		,12	8
10		,06	3		,06	3		,06	3		,06	4		,06	4
9		,05	7		,05	7		,05	7		,05	7		,05	8
8		,05	0		,05	0		,05	1		,05	1		,05	1
7		,04	4		,04	4		,04	4		,04	5		,04	5
6		,03	8		,03	8		,03	8		,03	8		,03	8
5		,03	1		,03	2		,03	2		,03	2		,03	2
4		,02	5		,02	5		,02	5		,02	5		,02	6
3		,01	9		,01	9		,01	9		,01	9		,01	9
2		,01	3		,01	3		,01	3		,01	3		,01	3
1		,00	6		,00	6		,00	6		,00	6		,00	6
	Feb. 11.			Feb. 12.			Feb. 13.			Feb. 14.			Feb. 15.		

235

Principal.	Aug. 19. 231 Days.		Aug. 20. 232 Days		Aug. 21. 233 Days		Aug. 22. 234 Days		Aug. 23. 235 Days	
$	$ c	m	$ c	m	$ c	m	$ c	m	$ c	m
10,000	64.16	7	64.44	4	64.72	2	65.00	0	65.27	8
9,000	57.75	0	58.00	0	58.25	0	58.50	0	58.75	0
8,000	51.33	3	51.55	6	51.77	8	52.00	0	52.22	2
7,000	44.91	7	45.11	1	45.30	6	45.50	0	45.69	4
6,000	38.50	0	38.66	7	38.83	3	39.00	0	39.16	7
5,000	32.08	3	32.22	2	32.36	1	32.50	0	32.63	9
4,000	25.66	7	25.77	8	25.88	9	26.00	0	26.11	1
3,000	19.25	0	19.33	3	19.41	7	19.50	0	19.58	3
2,000	12.83	3	12.88	9	12.94	4	13.00	0	13.05	6
1,000	6.41	7	6.44	4	6.47	2	6.50	0	6.52	8
900	5.77	5	5.80	0	5.82	5	5.85	0	5.87	5
800	5.13	3	5.15	6	5.17	8	5.20	0	5.22	2
700	4.49	2	4.51	1	4.53	1	4.55	0	4.56	9
600	3.85	0	3.86	7	3.88	3	3.90	0	3.91	7
500	3.20	8	3.22	2	3.23	6	3.25	0	3.26	4
400	2.56	7	2.57	8	2.58	9	2.60	0	2.61	1
300	1.92	5	1.93	3	1.94	2	1.95	0	1.95	8
200	1.28	3	1.28	9	1.29	4	1.30	0	1.30	6
100	.64	2	.64	4	.64	7	.65	0	.65	3
90	.57	8	.58	0	.58	3	.58	5	.58	8
80	.51	3	.51	6	.51	8	.52	0	.52	2
70	.44	9	.45	1	.45	3	.45	5	.45	7
60	.38	5	.38	7	.38	8	.39	0	.39	2
50	.32	1	.32	2	.32	4	.32	5	.32	6
40	.25	7	.25	8	.25	9	.26	0	.26	1
30	.19	3	.19	3	.19	4	.19	5	.19	6
20	.12	8	.12	9	.12	9	.13	0	.13	1
10	.06	4	.06	4	.06	5	.06	5	.06	5
9	.05	8	.05	8	.05	8	.05	9	.05	9
8	.05	1	.05	2	.05	2	.05	2	.05	2
7	.04	5	.04	5	.04	5	.04	6	.04	6
6	.03	9	.03	9	.03	9	.03	9	.03	9
5	.03	2	.03	2	.03	2	.03	2	.03	3
4	.02	6	.02	6	.02	6	.02	6	.02	6
3	.01	9	.01	9	.01	9	.02	0	.02	0
2	.01	3	.01	3	.01	3	.01	3	.01	3
1	.00	6	.00	6	.00	6	.00	7	.00	7
	Feb. 16.		Feb. 17.		Feb. 18.		Feb. 19.		Feb. 20.	

240

Principal	Aug. 24. 236 Days			Aug. 25. 237 Days			Aug. 26. 238 Days			Aug. 27. 239 Days			Aug. 28. 240 Days		
$	$	c	m	$	c	m	$	c	m	$	c	m	$	c	m
10,000	65	.55	6	65	.83	3	66	.11	1	66	.38	9	66	.66	7
9,000	59	.00	0	59	.25	0	59	.50	0	59	.75	0	60	.00	0
8,000	52	.44	4	52	.66	7	52	.88	9	53	.11	1	53	.33	3
7,000	45	.88	9	46	.08	3	46	.27	8	46	.47	2	46	.66	7
6,000	39	.33	3	39	.50	0	39	.66	7	39	.83	3	40	.00	0
5,000	32	.77	8	32	.91	7	33	.05	6	33	.19	4	33	.33	3
4,000	26	.22	2	26	.33	3	26	.44	4	26	.55	6	26	.66	7
3,000	19	.66	7	19	.75	0	19	.83	3	19	.91	7	20	.00	0
2,000	13	.11	1	13	.16	7	13	.22	2	13	.27	8	13	.33	3
1,000	6	.55	6	6	.58	3	6	.61	1	6	.63	9	6	.66	7
900	5	.90	0	5	.92	5	5	.95	0	5	.97	5	6	.00	0
800	5	.24	4	5	.26	7	5	.28	9	5	.31	1	5	.33	3
700	4	.58	9	4	.60	8	4	.62	8	4	.64	7	4	.66	7
600	3	.93	3	3	.95	0	3	.96	7	3	.98	3	4	.00	0
500	3	.27	8	3	.29	2	3	.30	6	3	.31	9	3	.33	3
400	2	.62	2	2	.63	3	2	.64	4	2	.65	6	2	.66	7
300	1	.96	7	1	.97	5	1	.98	3	1	.99	2	2	.00	0
200	1	.31	1	1	.31	7	1	.32	2	1	.32	8	1	.33	3
100		.65	6		.65	8		.66	1		.66	4		.66	7
90		.59	0		.59	3		.59	5		.59	8		.60	0
80		.52	4		.52	7		.52	9		.53	1		.53	3
70		.45	9		.46	1		.46	3		.46	5		.46	7
60		.39	3		.39	5		.39	7		.39	8		.40	0
50		.32	8		.32	9		.33	1		.33	2		.33	3
40		.26	2		.26	3		.26	4		.26	6		.26	7
30		.19	7		.19	8		.19	8		.19	9		.20	0
20		.13	1		.13	2		.13	2		.13	3		.13	3
10		.06	6		.06	6		.06	6		.06	6		.06	7
9		.05	9		.05	9		.06	0		.06	0		.06	0
8		.05	2		.05	3		.05	3		.05	3		.05	3
7		.04	6		.04	6		.04	6		.04	6		.04	7
6		.03	9		.04	0		.04	0		.04	0		.04	0
5		.03	3		.03	3		.03	3		.03	3		.03	3
4		.02	6		.02	6		.02	6		.02	7		.02	7
3		.02	0		.02	0		.02	0		.02	0		.02	0
2		.01	3		.01	3		.01	3		.01	3		.01	3
1		.00	7		.00	7		.00	7		.00	7		.00	7
	Feb. 21.			Feb. 22.			Feb. 23.			Feb. 24.			Feb. 25.		

245

Principal.	Aug. 29. 241 Days.	Aug. 30. 242 Days	Aug. 31. 243 Days	Sept. 1. 244 Days	Sept. 2. 245 Days	
$	$ c m	$ c m	$ c m	$ c m	$ c m	
10,000	66.94 4	67.22 2	67.50 0	67.77 8	68.05 6	
9,000	60.25 0	60.50 0	60.75 0	61.00 0	61.25 0	
8,000	53.55 6	53.77 8	54.00 0	54.22 2	54.44 4	
7,000	46.86 1	47.05 6	47.25 0	47.44 4	47.63 9	
6,000	40.16 7	40.33 3	40.50 0	40.66 7	40.83 3	
5,000	33.47 2	33.61 1	33.75 0	33.88 9	34.02 8	
4,000	26.77 8	26.88 9	27.00 0	27.11 1	27.22 2	
3,000	20.08 3	20.16 7	20.25 0	20.33 3	20.41 7	
2,000	13.38 9	13.44 4	13.50 0	13.55 6	13.61 1	
1,000	6.69 4	6.72 2	6.75 0	6.77 8	6.80 6	
900	6.02 5	6.05 0	6.07 5	6.10 0	6.12 5	
800	5.35 6	5.37 8	5.40 0	5.42 2	5.44 4	
700	4.68 6	4.70 6	4.72 5	4.74 4	4.76 4	
600	4.01 7	4.03 3	4.05 0	4.06 7	4.08 3	
500	3.34 7	3.36 1	3.37 5	3.38 9	3.40 3	
400	2.67 8	2.68 9	2.70 0	2.71 1	2.72 2	
300	2.00 8	2.01 7	2.02 5	2.03 3	2.04 2	
200	1.33 9	1.34 4	1.35 0	1.35 6	1.36 1	
100	.66 9	.67 2	.67 5	.67 8	.68 1	
90	.60 3	.60 5	.60 8	.61 0	.61 3	
80	.53 6	.53 8	.54 0	.54 2	.54 4	
70	.46 9	.47 1	.47 3	.47 4	.47 6	Sept. 240.
60	.40 2	.40 3	.40 5	.40 7	.40 8	
50	.33 5	.33 6	.33 8	.33 9	.34 0	
40	.26 8	.26 9	.27 0	.27 1	.27 2	
30	.20 1	.20 2	.20 3	.20 3	.20 4	
20	.13 4	.13 4	.13 5	.13 6	.13 6	
10	.06 7	.06 7	.06 8	.06 8	.06 8	
9	.06 0	.06 1	.06 1	.06 1	.06 1	
8	.05 4	.05 4	.05 4	.05 4	.05 4	
7	.04 7	.04 7	.04 7	.04 7	.04 8	
6	.04 0	.04 0	.04 1	.04 1	.04 1	
5	.03 4	.03 4	.03 4	.03 4	.03 4	
4	.02 7	.02 7	.02 7	.02 7	.02 7	
3	.02 0	.02 0	.02 0	.02 0	.02 0	
2	.01 3	.01 3	.01 4	.01 4	.01 4	
1	.00 7	.00 7	.00 7	.00 7	.00 7	
	Feb. 26.	Feb. 27.	Feb. 28.	Mch. 1.	Mch. 2.	

Principal.	Sept. 3. 246 Days		Sept. 4. 247 Days		Sept. 5. 248 Days		Sept. 6. 249 Days		Sept. 7. 250 Days	
$	$ c	m	$ c	m	$ c	m	$ c	m	$ c	m
10,000	68.33	3	68.61	1	68.88	9	69.16	7	69.44	4
9,000	61.50	0	61.75	0	62.00	0	62.25	0	62.50	0
8,000	54.66	7	54.88	9	55.11	1	55.33	3	55.55	6
7,000	47.83	3	48.02	8	48.22	2	48.41	7	48.61	1
6,000	41.00	0	41.16	7	41.33	3	41.50	0	41.66	7
5,000	34.16	7	34.30	6	34.44	4	34.58	3	34.72	2
4,000	27.33	3	27.44	4	27.55	6	27.66	7	27.77	8
3,000	20.50	0	20.58	3	20.66	7	20.75	0	20.83	3
2,000	13.66	7	13.72	2	13.77	8	13.83	3	13.88	9
1,000	6.83	3	6.86	1	6.88	9	6.91	7	6.94	4
900	6.15	0	6.17	5	6.20	0	6.22	5	6.25	0
800	5.46	7	5.48	9	5.51	1	5.53	3	5.55	6
700	4.78	3	4.80	3	4.82	2	4.84	2	4.86	1
600	4.10	0	4.11	7	4.13	3	4.15	0	4.16	7
500	3.41	7	3.43	1	3.44	4	3.45	8	3.47	2
400	2.73	3	2.74	4	2.75	6	2.76	7	2.77	8
300	2.05	0	2.05	8	2.06	7	2.07	5	2.08	3
200	1.36	7	1.37	2	1.37	8	1.38	3	1.38	9
100	.68	3	.68	6	.68	9	.69	2	.69	4
90	.61	5	.61	8	.62	0	.62	3	.62	5
80	.54	7	.54	9	.55	1	.55	3	.55	6
70	.47	8	.48	0	.48	2	.48	4	.48	6
60	.41	0	.41	2	.41	3	.41	5	.41	7
50	.34	2	.34	3	.34	4	.34	6	.34	7
40	.27	3	.27	4	.27	6	.27	7	.27	8
30	.20	5	.20	6	.20	7	.20	8	.20	8
20	.13	7	.13	7	.13	8	.13	8	.13	9
10	.06	8	.06	9	.06	9	.06	9	.06	9
9	.06	2	.06	2	.06	2	.06	2	.06	3
8	.05	5	.05	5	.05	5	.05	5	.05	6
7	.04	8	.04	8	.04	8	.04	8	.04	9
6	.04	1	.04	1	.04	1	.04	2	.04	2
5	.03	4	.03	4	.03	4	.03	5	.03	5
4	.02	7	.02	7	.02	8	.02	8	.02	8
3	.02	1	.02	1	.02	1	.02	1	.02	1
2	.01	4	.01	4	.01	4	.01	4	.01	4
1	.00	7	.00	7	.00	7	.00	7	.00	7
	Mch. 3.		Mch. 4.		Mch. 5.		Mch. 6.		Mch. 7.	

255

Principal.	Sept. 8. 251 Days			Sept. 9. 252 Days			Sept. 10. 253 Days			Sept. 11. 254 Days			Sept. 12. 255 Days		
$	$	c	m	$	c	m	$	c	m	$	c	m	$	c	m
10,000	69.72		2	70.00		0	70.27		8	70.55		6	70.83		3
9,000	62.75		0	63.00		0	63.25		0	63.50		0	63.75		0
8,000	55.77		8	56.00		0	56.22		2	56.44		4	56.66		7
7,000	48.80		6	49.00		0	49.19		4	49.38		9	49.58		3
6,000	41.83		3	42.00		0	42.16		7	42.33		3	42.50		0
5,000	34.86		1	35.00		0	35.13		9	35.27		8	35.41		7
4,000	27.88		9	28.00		0	28.11		1	28.22		2	28.33		3
3,000	20.91		7	21.00		0	21.08		3	21.16		7	21.25		0
2,000	13.94		4	14.00		0	14.05		6	14.11		1	14.16		7
1,000	6.97		2	7.00		0	7.02		8	7.05		6	7.08		3
900	6.27		5	6.30		0	6.32		5	6.35		0	6.37		5
800	5.57		8	5.60		0	5.62		2	5.64		4	5.66		7
700	4.88		1	4.90		0	4.91		9	4.93		9	4.95		8
600	4.18		3	4.20		0	4.21		7	4.23		3	4.25		0
500	3.48		6	3.50		0	3.51		4	3.52		8	3.54		2
400	2.78		9	2.80		0	2.81		1	2.82		2	2.83		3
300	2.09		2	2.10		0	2.10		8	2.11		7	2.12		5
200	1.39		4	1.40		0	1.40		6	1.41		1	1.41		7
100	.69		7	.70		0	.70		3	.70		6	.70		8
90	.62		8	.63		0	.63		3	.63		5	.63		8
80	.55		8	.56		0	.56		2	.56		4	.56		7
70	.48		8	.49		0	.49		2	.49		4	.49		6
60	.41		8	.42		0	.42		2	.42		3	.42		5
50	.34		9	.35		0	.35		1	.35		3	.35		4
40	.27		9	.28		0	.28		1	.28		2	.28		3
30	.20		9	.21		0	.21		1	.21		2	.21		3
20	.13		9	.14		0	.14		1	.14		1	.14		2
10	.07		0	.07		0	.07		0	.07		1	.07		1
9	.06		3	.06		3	.06		3	.06		4	.06		4
8	.05		6	.05		6	.05		6	.05		6	.05		7
7	.04		9	.04		9	.04		9	.04		9	.05		0
6	.04		2	.04		2	.04		2	.04		2	.04		3
5	.03		5	.03		5	.03		5	.03		5	.03		5
4	.02		8	.02		8	.02		8	.02		8	.02		8
3	.02		1	.02		1	.02		1	.02		1	.02		1
2	.01		4	.01		4	.01		4	.01		4	.01		4
1	.00		7	.00		7	.00		7	.00		7	.00		7
	Mch. 8.			Mch. 9.			Mch. 10.			Mch. 11.			Mch. 12.		

Principal.	Sept. 13. 256 Days		Sept. 14. 257 Days		Sept. 15. 258 Days		Sept. 16. 259 Days		Sept. 17. 260 Days	
$	$ c	m	$ c	m	$ c	m	$ c	m	$ c	m
10,000	71.11	1	71.38	9	71.66	7	71.94	4	72.22	2
9,000	64.00	0	64.25	0	64.50	0	64.75	0	65.00	0
8,000	56.88	9	57.11	1	57.33	3	57.55	6	57.77	8
7,000	49.77	8	49.97	2	50.16	7	50.36	1	50.55	6
6,000	42.66	7	42.83	3	43.00	0	43.16	7	43.33	3
5,000	35.55	6	35.69	4	35.83	3	35.97	2	36.11	1
4,000	28.44	4	28.55	6	28.66	7	28.77	8	28.88	9
3,000	21.33	3	21.41	7	21.50	0	21.58	3	21.66	7
2,000	14.22	2	14.27	8	14.33	3	14.38	9	14.44	4
1,000	7.11	1	7.13	9	7.16	7	7.19	4	7.22	2
900	6.40	0	6.42	5	6.45	0	6.47	5	6.50	0
800	5.68	9	5.71	1	5.73	3	5.75	6	5.77	8
700	4.97	8	4.99	7	5.01	7	5.03	6	5.05	6
600	4.26	7	4.28	3	4.30	0	4.31	7	4.33	3
500	3.55	6	3.56	9	3.58	3	3.59	7	3.61	1
400	2.84	4	2.85	6	2.86	7	2.87	8	2.88	9
300	2.13	3	2.14	2	2.15	0	2.15	8	2.16	7
200	1.42	2	1.42	8	1.43	3	1.43	9	1.44	4
100	.71	1	.71	4	.71	7	.71	9	.72	2
90	.64	0	.64	3	.64	5	.64	8	.65	0
80	.56	9	.57	1	.57	3	.57	6	.57	8
70	.49	8	.50	0	.50	2	.50	4	.50	6
60	.42	7	.42	8	.43	0	.43	2	.43	3
50	.35	6	.35	7	.35	8	.36	0	.36	1
40	.28	4	.28	6	.28	7	.28	8	.28	9
30	.21	3	.21	4	.21	5	.21	6	.21	7
20	.14	2	.14	3	.14	3	.14	4	.14	4
10	.07	1	.07	1	.07	2	.07	2	.07	2
9	.06	4	.06	4	.06	5	.06	5	.06	5
8	.05	7	.05	7	.05	7	.05	8	.05	8
7	.05	0	.05	0	.05	0	.05	0	.05	1
6	.04	3	.04	3	.04	3	.04	3	.04	3
5	.03	6	.03	6	.03	6	.03	6	.03	6
4	.02	8	.02	9	.02	9	.02	9	.02	9
3	.02	1	.02	1	.02	2	.02	2	.02	2
2	.01	4	.01	4	.01	4	.01	4	.01	4
1	.00	7	.00	7	.00	7	.00	7	.00	7
	Mch. 13.		Mch. 14.		Mch. 15.		Mch. 16.		Mch. 17.	

265

Principal.	Sept. 18. 261 Days.			Sept. 19. 262 Days			Sept. 20. 263 Days			Sept. 21. 264 Days			Sept. 22. 265 Days		
$	$	c	m	$	c	m	$	c	m	$	c	m	$	c	m
10,000	72.50	0		72.77	8		73.05	6		73.33	3		73.61	1	
9,000	65.25	0		65.50	0		65.75	0		66.00	0		66.25	0	
8,000	58.00	0		58.22	2		58.44	4		58.66	7		58.88	9	
7,000	50.75	0		50.94	4		51.13	9		51.33	3		51.52	8	
6,000	43.50	0		43.66	7		43.83	3		44.00	0		44.16	7	
5,000	36.25	0		36.38	9		36.52	8		36.66	7		36.80	6	
4,000	29.00	0		29.11	1		29.22	2		29.33	3		29.44	4	
3,000	21.75	0		21.83	3		21.91	7		22.00	0		22.08	3	
2,000	14.50	0		14.55	6		14.61	1		14.66	7		14.72	2	
1,000	7.25	0		7.27	8		7.30	6		7.33	3		7.36	1	
900	6.52	5		6.55	0		6.57	5		6.60	0		6.62	5	
800	5.80	0		5.82	2		5.84	4		5.86	7		5.88	9	
700	5.07	5		5.09	4		5.11	4		5.13	3		5.15	3	
600	4.35	0		4.36	7		4.38	3		4.40	0		4.41	7	
500	3.62	5		3.63	9		3.65	3		3.66	7		3.68	1	
400	2.90	0		2.91	1		2.92	2		2.93	3		2.94	4	
300	2.17	5		2.18	3		2.19	2		2.20	0		2.20	8	
200	1.45	0		1.45	6		1.46	1		1.46	7		1.47	2	
100	.72	5		.72	8		.73	1		.73	3		.73	6	
90	.65	3		.65	5		.65	8		.66	0		.66	3	
80	.58	0		.58	2		.58	4		.58	7		.58	9	
70	.50	8		.50	9		.51	1		.51	3		.51	5	
60	.43	5		.43	7		.43	8		.44	0		.44	2	
50	.36	3		.36	4		.36	5		.36	7		.36	8	
40	.29	0		.29	1		.29	2		.29	3		.29	4	
30	.21	8		.21	8		.21	9		.22	0		.22	1	
20	.14	5		.14	6		.14	6		.14	7		.14	7	
10	.07	3		.07	3		.07	3		.07	3		.07	4	
9	.06	5		.06	6		.06	6		.06	6		.06	6	
8	.05	8		.05	8		.05	8		.05	9		.05	9	
7	.05	1		.05	1		.05	1		.05	1		.05	2	
6	.04	4		.04	4		.04	4		.04	4		.04	4	
5	.03	6		.03	6		.03	7		.03	7		.03	7	
4	.02	9		.02	9		.02	9		.02	9		.02	9	
3	.02	2		.02	2		.02	2		.02	2		.02	2	
2	.01	5		.01	5		.01	5		.01	5		.01	5	
1	.00	7		.00	7		.00	7		.00	7		.00	7	

Mch. 18.   Mch. 19.   Mch. 20.   Mch. 21.   Mch. 22.

Principal	Sept.23. 266 Days			Sept.24 267 Days			Sept.25. 268 Days			Sept..26 269 Days			Sept.27. 270 Days		
$	$	c	m	$	c	m	$	c	m	$	c	m	$	c	m
10,000	73.88	9		74.16	7		74.44	4		74.72	2		75.00	0	
9,000	66.50	0		66.75	0		67.00	0		67.25	0		67.50	0	
8,000	59.11	1		59.33	3		59.55	6		59.77	8		60.00	0	
7,000	51.72	2		51.91	7		52.11	1		52.30	6		52.50	0	
6,000	44.33	3		44.50	0		44.66	7		44.83	3		45.00	0	
5,000	36.94	4		37.08	3		37.22	2		37.36	1		37.50	0	
4,000	29.55	6		29.66	7		29.77	8		29.88	9		30.00	0	
3,000	22.16	7		22.25	0		22.33	3		22.41	7		22.50	0	
2,000	14.77	8		14.83	3		14.88	9		14.94	4		15.00	0	
1,000	7.38	9		7.41	7		7.44	4		7.47	2		7.50	0	
900	6.65	0		6.67	5		6.70	0		6.72	5		6.75	0	
800	5.91	1		5.93	3		5.95	6		5.97	8		6.00	0	
700	5.17	2		5.19	2		5.21	1		5.23	1		5.25	0	
600	4.43	3		4.45	0		4.46	7		4.48	3		4.50	0	
500	3.69	4		3.70	8		3.72	2		3.73	6		3.75	0	
400	2.95	6		2.96	7		2.97	8		2.98	9		3.00	0	
300	2.21	7		2.22	5		2.23	3		2.24	2		2.25	0	
200	1.47	8		1.48	3		1.48	9		1.49	4		1.50	0	
100	,73	9		.74	2		,74	4		.74	7		,75	0	
90	.66	5		.66	8		,67	0		.67	3		,67	5	
80	.59	1		.59	3		.59	6		.59	8		.60	0	
70	.51	7		.51	9		.52	1		.52	3		.52	5	
60	.44	3		.44	5		.44	7		.44	8		.45	0	
50	.36	9		.37	1		.37	2		.37	4		.37	5	
40	.29	6		.29	7		.29	8		.29	9		.30	0	
30	,22	2		.22	3		.22	3		.22	4		.22	5	
20	.14	8		.14	8		.14	9		.14	9		.15	0	
10	.07	4		,07	4		.07	4		.07	5		.07	5	
9	.06	7		.06	7		.06	7		.06	7		,06	8	
8	.05	9		.05	9		.06	0		.06	0		,06	0	
7	.05	2		,05	2		.05	2		.05	2		,05	3	
6	.04	4		,04	5		.04	5		.04	5		,04	5	
5	.03	7		.03	7		.03	7		.03	7		.03	8	
4	.03	0		.03	0		.03	0		.03	0		.03	0	
3	.02	2		.02	2		,02	2		.02	2		.02	3	
2	,01	5		.01	5		,01	5		.01	5		.01	5	
1	.00	7		.00	7		.00	7		.00	7		.00	8	
	Mch.23.			Mch. 24.			Mch. 25.			Mch. 26.			Mch. 27.		

275

Principal.	Sept. 28. 271 Days.			Sept. 29. 272 Days			Sept. 30. 273 Days			Oct. 1. 274 Days			Oct. 2. 275 Days			
$	$	c	m	$	c	m	$	c	m	$	c	m	$	c	m	
10,000	75	.27	8	75	.55	6	75	.83	3	76	.11	1	76	.38	9	
9,000	67	.75	0	68	.00	0	68	.25	0	68	.50	0	68	.75	0	
8,000	60	.22	2	60	.44	4	60	.66	7	60	.88	9	61	.11	1	
7,000	52	.69	4	52	.88	9	53	.08	3	53	.27	8	53	.47	2	
6,000	45	.16	7	45	.33	3	45	.50	0	45	.66	7	45	.83	3	
5,000	37	.63	9	37	.77	8	37	.91	7	38	.05	6	38	.19	4	
4,000	30	.11	1	30	.22	2	30	.33	3	30	.44	4	30	.55	6	
3,000	22	.58	3	22	.66	7	22	.75	0	22	.83	3	22	.91	7	
2,000	15	.05	6	15	.11	1	15	.16	7	15	.22	2	15	.27	8	
1,000	7	.52	8	7	.55	6	7	.58	3	7	.61	1	7	.63	9	
900	6	.77	5	6	.80	0	6	.82	5	6	.85	0	6	.87	5	
800	6	.02	2	6	.04	4	6	.06	7	6	.08	9	6	.11	1	
700	5	.26	9	5	.28	9	5	.30	8	5	.32	8	5	.34	7	
600	4	.51	7	4	.53	3	4	.55	0	4	.56	7	4	.58	3	
500	3	.76	4	3	.77	8	3	.79	2	3	.80	6	3	.81	9	
400	3	.01	1	3	.02	2	3	.03	3	3	.04	4	3	.05	6	
300	2	.25	8	2	.26	7	2	.27	5	2	.28	3	2	.29	2	
200	1	.50	6	1	.51	1	1	.51	7	1	.52	2	1	.52	8	
100		.75	3		.75	6		.75	8		.76	1		.76	4	
90		.67	8		.68	0		.68	3		.68	5		.68	8	
80		.60	2		.60	4		.60	7		.60	9		.61	1	
70		.52	7		.52	9		.53	1		.53	3		.53	5	
60		.45	2		.45	3		.45	5		.45	7		.45	8	
50		.37	6		.37	8		.37	9		.38	1		.38	2	
40		.30	1		.30	2		.30	3		.30	4		.30	6	
30		.22	6		.22	7		.22	8		.22	8		.22	9	Oct. 270.
20		.15	1		.15	1		.15	2		.15	2		.15	3	
10		.07	5		.07	6		.07	6		.07	6		.07	6	
9		.06	8		.06	8		.06	8		.06	9		.06	9	
8		.06	0		.06	0		.06	1		.06	1		.06	1	
7		.05	3		.05	3		.05	3		.05	3		.05	3	
6		.04	5		.04	5		.04	6		.04	6		.04	6	
5		.03	8		.03	8		.03	8		.03	8		.03	8	
4		.03	0		.03	0		.03	0		.03	0		.03	1	
3		.02	3		.02	3		.02	3		.02	3		.02	3	
2		.01	5		.01	5		.01	5		.01	5		.01	5	
1		.00	8		.00	8		.00	8		.00	8		.00	8	

Mch. 28. Mch. 29. Mch. 30, Mch. 31, Apr. 1.

280

Principal.	Oct. 3. 276 Days		Oct. 4. 277 Days		Oct. 5. 278 Days		Oct. 6. 279 Days		Oct. 7. 280 Days	
$	$ c	m	$ c	m	$ c	m	$ c	m	$ c	m
10,000	76.66	7	76.94	4	77.22	2	77.50	0	77.77	8
9,000	69.00	0	69.25	0	69.50	0	69.75	0	70.00	0
8,000	61.33	3	61.55	6	61.77	8	62.00	0	62.22	2
7,000	53.66	7	53.86	1	54.05	6	54.25	0	54.44	4
6,000	46.00	0	46.16	7	46.33	3	46.50	0	46.66	7
5,000	38.33	3	38.47	2	38.61	1	38.75	0	38.88	9
4,000	30.66	7	30.77	8	30.88	9	31.00	0	31.11	1
3,000	23.00	0	23.08	3	23.16	7	23.25	0	23.33	3
2,000	15.33	3	15.38	9	15.44	4	15.50	0	15.55	6
1,000	7.66	7	7.69	4	7.72	2	7.75	0	7.77	8
900	6.90	0	6.92	5	6.95	0	6.97	5	7.00	0
800	6.13	3	6.15	6	6.17	8	6.20	0	6.22	2
700	5.36	7	5.38	6	5.40	6	5.42	5	5.44	4
600	4.60	0	4.61	7	4.63	3	4.65	0	4.66	7
500	3.83	3	3.84	7	3.86	1	3.87	5	3.88	9
400	3.06	7	3.07	8	3.08	9	3.10	0	3.11	1
300	2.30	0	2.30	8	2.31	7	2.32	5	2.33	3
200	1.53	3	1.53	9	1.54	4	1.55	0	1.55	6
100	.76	7	.76	9	.77	2	.77	5	.77	8
90	.69	0	.69	3	.69	5	.69	8	.70	0
80	.61	3	.61	6	.61	8	.62	0	.62	2
70	.53	7	.53	9	.54	1	.54	3	.54	4
60	.46	0	.46	2	.46	3	.46	5	.46	7
50	.38	3	.38	5	.38	6	.38	8	.38	9
40	.30	7	.30	8	.30	9	.31	0	.31	1
30	.23	0	.23	1	.23	2	.23	3	.23	3
20	.15	3	.15	4	.15	4	.15	5	.15	6
10	.07	7	.07	7	.07	7	.07	8	.07	8
9	.06	9	.06	9	.07	0	.07	0	.07	0
8	.06	1	.06	2	.06	2	.06	2	.06	2
7	.05	4	.05	4	.05	4	.05	4	.05	4
5	.04	6	.04	6	.04	6	.04	7	.04	7
6	.03	8	.03	8	.03	9	.03	9	.03	9
4	.03	1	.03	1	.03	1	.03	1	.03	1
3	.02	3	.02	3	.02	3	.02	3	.02	3
2	.01	5	.01	5	.01	5	.01	6	.01	6
1	.00	8	.00	8	.00	8	.00	8	.00	8
	Apr. 2.		Apr. 3.		Apr. 4.		Apr. 5.		Apr. 6.	

285

Principal.	Oct. 8. 281 Days			Oct. 9. 282 Days			Oct. 10. 283 Days			Oct. 11. 284 Days			Oct. 12. 285 Days		
$	$	c	m	$	c	m	$	c	m	$	c	m	$	c	m
10,000	78.05		6	78.33		3	78.61		1	78.88		9	79.16		7
9,000	70.25		0	70.50		0	70.75		0	71.00		0	71.25		0
8,000	62.44		4	62.66		7	62.88		9	63.11		1	63.33		3
7,000	54.63		9	54.83		3	55.02		8	55.22		2	55.41		6
6,000	46.83		3	47.00		0	47.16		7	47.33		3	47.50		0
5,000	39.02		8	39.16		7	39.30		6	39.44		4	39.58		3
4,000	31.22		2	31.33		3	31.44		4	31.55		6	31.66		7
3,000	23.41		7	23.50		0	23.58		3	23.66		7	23.75		0
2,000	15.61		1	15.66		7	15.72		2	15.77		8	15.83		3
1,000	7.80		6	7.83		3	7.86		1	7.88		9	7.91		7
900	7.02		5	7.05		0	7.07		5	7.10		0	7.12		5
800	6.24		4	6.26		7	6.28		9	6.31		1	6.33		3
700	5.46		4	5.48		3	5.50		3	5.52		2	5.54		2
600	4.68		3	4.70		0	4.71		7	4.73		3	4.75		0
500	3.90		3	3.91		7	3.93		1	3.94		4	3.95		8
400	3.12		2	3.13		3	3.14		4	3.15		6	3.16		7
300	2.34		2	2.35		0	2.35		8	2.36		7	2.37		5
200	1.56		1	1.56		7	1.57		2	1.57		8	1.58		3
100	.78		1	.78		3	.78		6	.78		9	.79		2
90	.70		3	.70		5	.70		8	.71		0	.71		3
80	.62		4	.62		7	.62		9	.63		1	.63		3
70	.54		6	.54		8	.55		0	.55		2	.55		4
60	.46		8	.47		0	.47		2	.47		3	.47		5
50	.39		0	.39		2	.39		3	.39		4	.39		6
40	.31		2	.31		3	.31		4	.31		6	.31		7
30	.23		4	.23		5	.23		6	.23		7	.23		8
20	.15		6	.15		7	.15		7	.15		8	.15		8
10	.07		8	.07		8	.07		9	.07		9	.07		9
9	.07		0	.07		1	.07		1	.07		1	.07		1
8	.06		2	.06		3	.06		3	.06		3	.06		3
7	.05		5	.05		5	.05		5	.05		5	.05		5
6	.04		7	.04		7	.04		7	.04		7	.04		8
5	.03		9	.03		9	.03		9	.03		9	.04		0
4	.03		1	.03		1	.03		1	.03		2	.03		2
3	.02		3	.02		4	.02		4	.02		4	.02		4
2	.01		6	.01		6	.01		6	.01		6	.01		6
1	.00		8	.00		8	.00		8	.00		8	.00		8
	Apr. 7.			Apr. 8.			Apr. 9.			Apr. 10.			Apr. 11.		

Principal.	Oct. 13. 286 Days	Oct. 14. 287 Days	Oct. 15. 288 Days	Oct. 16. 289 Days	Oct. 17. 290 Days
$	$ c m	$ c m	$ c m	$ c m	$ c m
10,000	79.44 4	79.72 2	80.00 0	80.27 8	80.55 6
9,000	71.50 0	71.75 0	72.00 0	72.25 0	72.50 0
8,000	63.55 6	63.77 8	64.00 0	64.22 2	64.44 4
7,000	55.61 1	55.80 6	56.00 0	56.19 4	56.38 9
6,000	47.66 7	47.83 3	48.00 0	48.16 7	48.33 3
5,000	39.72 2	39.86 1	40.00 0	40.13 9	40.27 8
4,000	31.77 8	31.88 9	32.00 0	32.11 1	32.22 2
3,000	23.83 3	23.91 7	24.00 0	24.08 3	24.16 7
2,000	15.88 9	15.94 4	16.00 0	16.05 6	16.11 1
1,000	7.94 4	7.97 2	8.00 0	8.02 8	8.05 6
900	7.15 0	7.17 5	7.20 0	7.22 5	7.25 0
800	6.35 6	6.37 8	6.40 0	6.42 2	6.44 4
700	5.56 1	5.58 1	5.60 0	5.61 9	5.63 9
600	4.76 7	4.78 3	4.80 0	4.81 7	4.83 3
500	3.97 2	3.98 6	4.00 0	4.01 4	4.02 8
400	3.17 8	3.18 9	3.20 0	3.21 1	3.22 2
300	2.38 3	2.39 2	2.40 0	2.40 8	2.41 7
200	1.58 9	1.59 4	1.60 0	1.60 6	1.61 1
100	.79 4	.79 7	.80 0	.80 3	.80 6
90	.71 5	.71 8	.72 0	.72 3	.72 5
80	.63 6	.63 8	.64 0	.64 2	.64 4
70	.55 6	.55 8	.56 0	.56 2	.56 4
60	.47 7	.47 8	.48 0	.48 2	.48 3
50	.39 7	.39 9	.40 0	.40 1	.40 3
40	.31 8	.31 9	.32 0	.32 1	.32 2
30	.23 8	.23 9	.24 0	.24 1	.24 2
20	.15 9	.15 9	.16 0	.16 1	.16 1
10	.07 9	.08 0	.08 0	.08 0	.08 1
9	.07 2	.07 2	.07 2	.07 2	.07 3
8	.06 4	.06 4	.06 4	.06 4	.06 4
7	.05 6	.05 6	.05 6	.05 6	.05 6
6	.04 8	.04 8	.04 8	.04 8	.04 8
5	.04 0	.04 0	.04 0	.04 0	.04 0
4	.03 2	.03 2	.03 2	.03 2	.03 2
3	.02 4	.02 4	.02 4	.02 4	.02 4
2	.01 6	.01 6	.01 6	.01 6	.01 6
1	.00 8	.00 8	.00 8	.00 8	.00 8
	Apr. 12.	Apr. 13.	Apr. 14.	Apr. 15.	Apr. 16.

295

Principal.	Oct. 18. 291 Days.			Oct. 19. 292 Days			Oct. 20. 293 Days			Oct. 21. 294 Days			Oct. 22. 295 Days		
$	$	c	m	$	c	m	$	c	m	$	c	m	$	c	m
10,000	80.83		3	81.11		1	81.38		9	81.66		7	81.94		4
9,000	72.75		0	73.00		0	73.25		0	73.50		0	73.75		0
8,000	64.66		7	64.88		9	65.11		1	65.33		3	65.55		6
7,000	56.58		3	56.77		8	56.97		2	57.16		7	57.36		1
6,000	48.50		0	48.66		7	48.83		3	49.00		0	49.16		7
5,000	40.41		7	40.55		6	40.69		4	40.83		3	40.97		2
4,000	32.33		3	32.44		4	32.55		6	32.66		7	32.77		8
3,000	24.25		0	24.33		3	24.41		7	24.50		0	24.58		3
2,000	16.16		7	16.22		2	16.27		8	16.33		3	16.38		9
1,000	8.08		3	8.11		1	8.13		9	8.16		7	8.19		4
900	7.27		5	7.30		0	7.32		5	7.35		0	7.37		5
800	6.46		7	6.48		9	6.51		1	6.53		3	6.55		6
700	5.65		8	5.67		8	5.69		7	5.71		7	5.73		6
600	4.85		0	4.86		7	4.88		3	4.90		0	4.91		7
500	4.04		2	4.05		6	4.06		9	4.08		3	4.09		7
400	3.23		3	3.24		4	3.25		6	3.26		7	3.27		8
300	2.42		5	2.43		3	2.44		2	2.45		0	2.45		8
200	1.61		7	1.62		2	1.62		8	1.63		3	1.63		9
100	.80		8	.81		1	.81		4	.81		7	.81		9
90	.72		8	.73		0	.73		3	.73		5	.73		8
80	.64		7	.64		9	.65		1	.65		3	.65		6
70	.56		6	.56		8	.57		0	.57		2	.57		4
60	.48		5	.48		7	.48		8	.49		0	.49		2
50	.40		4	.40		6	.40		7	.40		8	.41		0
40	.32		3	.32		4	.32		6	.32		7	.32		8
30	.24		3	.24		3	.24		4	.24		5	.24		6
20	.16		2	.16		2	.16		3	.16		3	.16		4
10	.08		1	.08		1	.08		1	.08		2	.08		2
9	.07		3	.07		3	.07		3	.07		4	.07		4
8	.06		5	.06		5	.06		5	.06		5	.06		6
7	.05		7	.05		7	.05		7	.05		7	.05		7
6	.04		9	.04		9	.04		9	.04		9	.04		9
5	.04		0	.04		1	.04		1	.04		1	.04		1
4	.03		2	.03		2	.03		3	.03		3	.03		3
3	.02		4	.02		4	.02		4	.02		5	.02		5
2	.01		6	.01		6	.01		6	.01		6	.01		6
1	.00		8	.00		8	.00		8	.00		8	.00		8
	Apr. 17.			Apr. 18.			Apr. 19.			Apr. 20.			Apr. 21.		

Principal.	Oct. 23.	Oct. 24.	Oct. 25.	Oct. 26.	Oct. 27.
	296 Days	297 Days	298 Days	299 Days	300 Days
$	$ c m	$ c m	$ c m	$ c m	$ c m
10,000	82.22 2	82.50 0	82.77 8	83.05 6	83.33 3
9,000	74.00 0	74.25 0	74.50 0	74.75 0	75.00 0
8,000	65.77 8	66.00 0	66.22 2	66.44 4	66.66 7
7,000	57.55 6	57.75 0	57.94 4	58.13 9	58.33 3
6,000	49.33 3	49.50 0	49.66 7	49.83 3	50.00 0
5,000	41.11 1	41.25 0	41.38 9	41.52 8	41.66 7
4,000	32.88 9	33.00 0	33.11 1	33.22 2	33.33 3
3,000	24.66 7	24.75 0	24.83 3	24.91 7	25.00 0
2,000	16.44 4	16.50 0	16.55 6	16.61 1	16.66 7
1,000	8.22 2	8.25 0	8.27 8	8.30 6	8.33 3
900	7.40 0	7.42 5	7.45 0	7.47 5	7.50 0
800	6.57 8	6.60 0	6.62 2	6.64 4	6.66 7
700	5.75 6	5.77 5	5.79 4	5.81 4	5.83 3
600	4.93 3	4.95 0	4.96 7	4.98 3	5.00 0
500	4.11 1	4.12 5	4.13 9	4.15 3	4.16 7
400	3.28 9	3.30 0	3.31 1	3.32 2	3.33 3
300	2.46 7	2.47 5	2.48 3	2.49 2	2.50 0
200	1.64 4	1.65 0	1.65 6	1.66 1	1.66 7
100	.82 2	.82 5	.82 8	.83 1	.83 3
90	.74 0	.74 3	.74 5	.74 8	.75 0
80	.65 8	.66 0	.66 2	.66 4	.66 7
70	.57 6	.57 8	.57 9	.58 1	.58 3
60	.49 3	.49 5	.49 7	.49 8	.50 0
50	.41 1	.41 3	.41 4	.41 5	.41 7
40	.32 9	.33 0	.33 1	.33 2	.33 3
30	.24 7	.24 8	.24 8	.24 9	.25 0
20	.16 4	.16 5	.16 6	.16 6	.16 7
10	.08 2	.08 3	.08 3	.08 3	.08 3
9	.07 4	.07 4	.07 5	.07 5	.07 5
8	.06 6	.06 6	.06 6	.06 6	.06 7
7	.05 8	.05 8	.05 8	.05 8	.05 8
6	.04 9	.05 0	.05 0	.05 0	.05 0
5	.04 1	.04 1	.04 1	.04 2	.04 2
4	.03 3	.03 3	.03 3	.03 3	.03 3
3	.02 5	.02 5	.02 5	.02 5	.02 5
2	.01 6	.01 7	.01 7	.01 7	.01 7
1	.00 8	.00 8	.00 8	.00 8	.00 8
	Apr. 22.	Apr. 23.	Apr. 24.	Apr. 25.	Apr. 26.

305

Principal.	Oct. 28. 301 Days			Oct. 29. 302 Days			Oct. 30. 303 Days			Oct. 31. 304 Days			Nov. 1. 305 Days		
$	$	c	m	$	c	m	$	c	m	$	c	m	$	c	m
10,000	83.61		1	83.88		9	84.16		7	84.44		4	84.72		2
9,000	75.25		0	75.50		0	75.75		0	76.00		0	76.25		0
8,000	66.88		9	67.11		1	67.33		3	67.55		6	67.77		8
7,000	58.52		8	58.72		2	58.91		7	59.11		1	59.30		6
6,000	50.16		7	50.33		3	50.50		0	50.66		7	50.83		3
5,000	41.80		6	41.94		4	42.08		3	42.22		2	42.36		1
4,000	33.44		4	33.55		6	33.66		7	33.77		8	33.88		9
3,000	25.08		3	25.16		7	25.25		0	25.33		3	25.41		7
2,000	16.72		2	16.77		8	16.83		3	16.88		9	16.94		4
1,000	8.36		1	8.38		9	8.41		7	8.44		4	8.47		2
900	7.52		5	7.55		0	7.57		5	7.60		0	7.62		5
800	6.68		9	6.71		1	6.73		3	6.75		6	6.77		8
700	5.85		3	5.87		2	5.89		2	5.91		1	5.93		1
600	5.01		7	5.03		3	5.05		0	5.06		7	5.08		3
500	4.18		1	4.19		4	4.20		8	4.22		2	4.23		6
400	3.34		4	3.35		6	3 36		7	3.37		8	3.38		9
300	2.50		8	2.51		7	2.52		5	2.53		3	2.54		2
200	1.67		2	1.67		8	1.68		3	1.68		9	1.69		4
100	.83		6	.83		9	.84		2	.84		4	.84		7
90	.75		3	.75		5	.75		8	.76		0	.76		3
80	.66		9	.67		1	.67		3	.67		6	.67		8
70	.58		5	.58		7	.58		9	.59		1	.59		3
60	.50		2	.50		3	.50		5	.50		7	.50		8
50	.41		8	.41		9	.42		1	.42		2	.42		4
40	.33		4	.33		6	.33		7	.33		8	.33		9
30	.25		1	.25		2	.25		3	.25		3	.25		4
20	.16		7	.16		8	.16		8	.16		9	.16		9
10	.08		4	.08		4	.08		4	.08		4	.08		5
9	.07		5	.07		6	.07		6	.07		6	.07		6
8	.06		7	.06		7	.06		7	.06		8	.06		8
7	.05		9	.05		9	.05		9	.05		9	.05		9
6	.05		0	.05		0	.05		1	.05		1	.05		1
5	.04		2	.04		2	.04		2	.04		2	.04		2
4	.03		3	.03		4	.03		4	.03		4	.03		4
3	.02		5	.02		5	.02		5	.02		5	.02		5
2	.01		7	.01		7	.01		7	.01		7	.01		7
1	.00		8	.00		8	.00		8	.00		8	.00		8
	Apr. 27.			Apr. 28.			Apr. 29.			Apr. 30.			May. 1.		

Nov. 300.

310

Principal.	Nov. 2. 306 Days		Nov. 3. 307 Days		Nov. 4. 308 Days		Nov. 5. 309 Days		Nov. 6. 310 Days	
$	$ c	m	$ c	m	$ c	m	$ c	m	$ c	m
10,000	85.00	0	85.27	8	85.55	6	85.83	3	86.11	1
9,000	76.50	0	76.75	0	77.00	0	77.25	0	77.50	0
8,000	68.00	0	68.22	2	68.44	4	68.66	7	68.88	9
7,000	59.50	0	59.69	4	59.88	9	60.08	3	60.27	8
6,000	51.00	0	51.16	7	51.33	3	51.50	0	51.66	7
5,000	42.50	0	42.63	9	42.77	8	42.91	7	43.05	6
4,000	34.00	0	34.11	1	34.22	2	34.33	3	34.44	4
3,000	25.50	0	25.58	3	25.66	7	25.75	0	25.83	3
2,000	17.00	0	17.05	6	17.11	1	17.16	7	17.22	2
1,000	8.50	0	8.52	8	8.55	6	8.58	3	8.61	1
900	7.65	0	7.67	5	7.70	0	7.72	5	7.75	0
800	6.80	0	6.82	2	6.84	4	6.86	7	6.88	9
700	5.95	0	5.96	9	5.98	9	6.00	8	6.02	8
600	5.10	0	5.11	7	5.13	3	5.15	0	5.16	7
500	4.25	0	4.26	4	4.27	8	4.29	2	4.30	6
400	3.40	0	3.41	1	3.42	2	3.43	3	3.44	4
300	2.55	0	2.55	8	2.56	7	2.57	5	2.58	3
200	1.70	0	1.70	6	1.71	1	1.71	7	1.72	2
100	.85	0	.85	3	.85	6	.85	8	.86	1
90	.76	5	.76	8	.77	0	.77	3	.77	5
80	.68	0	.68	2	.68	4	.68	7	.68	9
70	.59	5	.59	7	.59	9	.60	1	.60	3
60	.51	0	.51	2	.51	3	.51	5	.51	7
50	.42	5	.42	6	.42	8	.42	9	.43	1
40	.34	0	.34	1	.34	2	.34	3	.34	4
30	.25	5	.25	6	.25	7	.25	8	.25	8
20	.17	0	.17	1	.17	1	.17	2	.17	2
10	.08	5	.08	5	.08	6	.08	6	.08	6
9	.07	7	.07	7	.07	7	.07	7	.07	8
8	.06	8	.06	8	.06	8	.06	9	.06	9
7	.06	0	.06	0	.06	0	.06	0	.06	0
6	.05	1	.05	1	.05	1	.05	2	.05	2
5	.04	3	.04	3	.04	3	.04	3	.04	3
4	.03	4	.03	4	.03	4	.03	4	.03	4
3	.02	6	.02	6	.02	6	.02	6	.02	6
2	.01	7	.01	7	.01	7	.01	7	.01	7
1	.00	9	.00	9	.00	9	.00	9	.00	9
	May. 2.		May. 3.		May. 4.		May. 5.		May. 6.	

315

Principal.	Nov. 7. 311 Days			Nov. 8. 312 Days			Nov. 9. 313 Days			Nov. 10. 314 Days			Nov. 11. 315 Days		
$	$	c	m	$	c	m	$	c	m	$	c	m	$	c	m
10,000	86.38	9		86.66	7		86.94	4		87.22	2		87.50	0	
9,000	77.75	0		78.00	0		78.25	0		78.50	0		78.75	0	
8,000	69.11	1		69.33	3		69.55	6		69.77	8		70.00	0	
7,000	60.47	2		60.66	7		60.86	1		61.05	6		61.25	0	
6,000	51.83	3		52.00	0		52.16	7		52.33	3		52.50	0	
5,000	43.19	4		43.33	3		43.47	2		43.61	1		43.75	0	
4,000	34.55	6		34.66	7		34.77	8		34.88	9		35.00	0	
3,000	25.91	7		26.00	0		26.08	3		26.16	7		26.25	0	
2,000	17.27	8		17.33	3		17.38	9		17.44	4		17.50	0	
1,000	8.63	9		8.66	7		8.69	4		8.72	2		8.75	0	
900	7.77	5		7.80	0		7.82	5		7.85	0		7.87	5	
800	6.91	1		6.93	3		6.95	6		6.97	8		7.00	0	
700	6.04	7		6.06	7		6.08	6		6.10	6		6.12	5	
600	5.18	3		5.20	0		5.21	7		5.23	3		5.25	0	
500	4.31	9		4.33	3		4.34	7		4.36	1		4.37	5	
400	3.45	6		3.46	7		3.47	8		3.48	9		3.50	0	
300	2.59	2		2.60	0		2.60	8		2.61	7		2.62	5	
200	1.72	8		1.73	3		1.73	9		1.74	4		1.75	0	
100	.86	4		.86	7		.86	9		.87	2		.87	5	
90	.77	8		.78	0		.78	3		.78	5		.78	8	
80	.69	1		.69	3		.69	6		.69	8		.70	0	
70	.60	5		.60	7		.60	9		.61	1		.61	3	
60	.51	8		.52	0		.52	2		.52	3		.52	5	
50	.43	2		.43	3		.43	5		.43	6		.43	8	
40	.34	6		.34	7		.34	8		.34	9		.35	0	
30	.25	9		.26	0		.26	1		.26	2		.26	3	
20	.17	3		.17	3		.17	4		.17	4		.17	5	
10	.08	6		.08	7		.08	7		.08	7		.08	8	
9	.07	8		.07	8		.07	8		.07	9		.07	9	
8	.06	9		.06	9		.07	0		.07	0		.07	0	
7	.06	0		.06	1		.06	1		.06	1		.06	1	
6	.05	2		.05	2		.05	2		.05	2		.05	3	
5	.04	3		.04	3		.04	3		.04	4		.04	4	
4	.03	5		.03	5		.03	5		.03	5		.03	5	
3	.02	6		.02	6		.02	6		.02	6		.02	6	
2	.01	7		.01	7		.01	7		.01	7		.01	8	
1	.00	9		.00	9		.00	9		.00	9		.00	9	

May. 7. May. 8. May. 9. May. 10. May. 11.

Principal.	Nov. 12. 316 Days			Nov. 13. 317 Days			Nov. 14. 318 Days			Nov. 15. 319 Days			Nov. 16. 320 Days		
$	$	c	m	$	c	m	$	c	m	$	c	m	$	c	m
10,000	87.77		8	88.05		6	88.33		3	88.61		1	88.88		9
9,000	79.00		0	79.25		0	79.50		0	79.75		0	80.00		0
8,000	70.22		2	70.44		4	70.66		7	70.88		9	71.11		1
7,000	61.44		4	61.63		9	61.83		3	62.02		8	62.22		2
6,000	52.66		7	52.83		3	53.00		0	53.16		7	53.33		3
5,000	43.88		9	44.02		8	44.16		7	44.30		6	44.44		4
4,000	35.11		1	35.22		2	35.33		3	35.44		4	35.55		6
3,000	26.33		3	26.41		7	26.50		0	26.58		3	26.66		7
2,000	17.55		6	17.61		1	17.66		7	17.72		2	17.77		8
1,000	8.77		8	8.80		6	8.83		3	8.86		1	8.88		9
900	7.90		0	7.92		5	7.95		0	7.97		5	8.00		0
800	7.02		2	7.04		4	7.06		7	7.08		9	7.11		1
700	6.14		4	6.16		4	6.18		3	6.20		3	6.22		2
600	5.26		7	5.28		3	5.30		0	5.31		7	5.33		3
500	4.38		9	4.40		3	4.41		7	4.43		1	4.44		4
400	3.51		1	3.52		2	3.53		3	3.54		4	3.55		6
300	2.63		3	2.64		2	2.65		0	2.65		8	2.66		7
200	1.75		6	1.76		1	1.76		7	1.77		2	1.77		8
100	.87		8	.88		1	.88		3	.88		6	.88		9
90	.79		0	.79		3	.79		5	.79		8	.80		0
80	.70		2	.70		4	.70		7	.70		9	.71		1
70	.61		4	.61		6	.61		8	.62		0	.62		2
60	.52		7	.52		8	.53		0	.53		2	.53		3
50	.43		9	.44		0	.44		2	.44		3	.44		4
40	.35		1	.35		2	.35		3	.35		4	.35		6
30	.26		3	.26		4	.26		5	.26		6	.26		7
20	.17		6	.17		6	.17		7	.17		7	.17		8
10	.08		8	.08		8	.08		8	.08		9	.08		9
9	.07		9	.07		9	.08		0	.08		0	.08		0
8	.07		0	.07		0	.07		1	.07		1	.07		1
7	.06		1	.06		2	.06		2	.06		2	.06		2
6	.05		3	.05		3	.05		3	.05		3	.05		3
5	.04		4	.04		4	.04		4	.04		4	.04		4
4	.03		5	.03		5	.03		5	.03		5	.03		6
3	.02		6	.02		6	.02		7	.02		7	.02		7
2	.01		8	.01		8	.01		8	.01		8	.01		8
1	.00		9	.00		9	.00		9	.00		9	.00		9
	May. 12.			May. 13.			May. 14.			May. 15.			May. 16.		

325

Principal.	Nov. 17. 321 Days.			Nov. 18. 322 Days			Nov. 19. 323 Days			Nov. 20. 324 Days			Nov. 21. 325 Days		
$	$	c	m	$	c	m	$	c	m	$	c	m	$	c	m
10,000	89.16		7	89.44		4	89.72		2	90.00		0	90.27		8
9,000	80.25		0	80.50		0	80.75		0	81.00		0	81.25		0
8,000	71.33		3	71.55		6	71.77		8	72.00		0	72.22		2
7,000	62.41		7	62.61		1	62.80		6	63.00		0	63.19		4
6,000	53.50		0	53.66		7	53.83		3	54.00		0	54.16		7
5,000	44.58		3	44.72		2	44.86		1	45.00		0	45.13		9
4,000	35.66		7	35.77		8	35.88		9	36.00		0	36.11		1
3,000	26.75		0	26.83		3	26.91		7	27.00		0	27.08		3
2,000	17.83		3	17.88		9	17.94		4	18.00		0	18.05		6
1,000	8.91		7	8.94		4	8.97		2	9.00		0	9.02		8
900	8.02		5	8.05		0	8.07		5	8.10		0	8.12		5
800	7.13		3	7.15		6	7.17		8	7.20		0	7.22		2
700	6.24		2	6.26		1	6.28		1	6.30		0	6.31		9
600	5.35		0	5.36		7	5.38		3	5.40		0	5.41		7
500	4.45		8	4.47		2	4.48		6	4.50		0	4.51		4
400	3.56		7	3.57		8	3.58		9	3.60		0	3.61		1
300	2.67		5	2.68		3	2.69		2	2.70		0	2.70		8
200	1.78		3	1.78		9	1.79		4	1.80		0	1.80		6
100	.89		2	.89		4	.89		7	.90		0	.90		3
90	.80		3	.80		5	.80		8	.81		0	.81		3
80	.71		3	.71		6	.71		8	.72		0	.72		2
70	.62		4	.62		6	.62		8	.63		0	.63		2
60	.53		5	.53		7	.53		8	.54		0	.54		2
50	.44		6	.44		7	.44		9	.45		0	.45		1
40	.35		7	.35		8	.35		9	.36		0	.36		1
30	.26		8	.26		8	.26		9	.27		0	.27		1
20	.17		8	.17		9	.17		9	.18		0	.18		1
10	.08		9	.08		9	.09		0	.09		0	.09		0
9	.08		0	.08		1	.08		1	.08		1	.08		1
8	.07		1	.07		2	.07		2	.07		2	.07		2
7	.06		2	.06		3	.06		3	.06		3	.06		3
6	.05		4	.05		4	.05		4	.05		4	.05		4
5	.04		5	.04		5	.04		5	.04		5	.04		5
4	.03		6	.03		6	.03		6	.03		6	.03		6
3	.02		7	.02		7	.02		7	.02		7	.02		7
2	.01		8	.01		8	.01		8	.01		8	.01		8
1	.00		9	.00		9	.00		9	.00		9	.00		9

May. 17.   May. 18.   May. 19.   May. 20.   May. 21.

Principal.	Nov. 22. 326 Days			Nov. 23. 327 Days			Nov. 24. 328 Days			Nov. 25. 329 Days			Nov. 26. 330 Days		
$	$	c	m	$	c	m	$	c	m	$	c	m	$	c	m
10,000	90.55	6		90.83	3		91.11	1		91.38	9		91.66	7	
9,000	81.50	0		81.75	0		82.00	0		82.25	0		82.50	0	
8,000	72.44	4		72.66	7		72.88	9		73.11	1		73.33	3	
7,000	63.38	9		63.58	3		63.77	8		63.97	2		64.16	7	
6,000	54.33	3		54.50	0		54.66	7		54.83	3		55.00	0	
5,000	45.27	8		45.41	7		45.55	6		45.69	4		45.83	3	
4,000	36.22	2		36.33	3		36.44	4		36.55	6		36.66	7	
3,000	27.16	7		27.25	0		27.33	3		27.41	7		27.50	0	
2,000	18.11	1		18.16	7		18.22	2		18.27	8		18.33	3	
1,000	9.05	6		9.08	3		9.11	1		9.13	9		9.16	7	
900	8.15	0		8.17	5		8.20	0		8.22	5		8.25	0	
800	7.24	4		7.26	7		7.28	9		7.31	1		7.33	3	
700	6.33	9		6.35	8		6.37	8		6.39	7		6.41	7	
600	5.43	3		5.45	0		5.46	7		5.48	3		5.50	0	
500	4.52	8		4.54	2		4.55	6		4.56	9		4.58	3	
400	3.62	2		3.63	3		3.64	4		3.65	6		3.66	7	
300	2.71	7		2.72	5		2.73	3		2.74	2		2.75	0	
200	1.81	1		1.81	7		1.82	2		1.82	8		1.83	3	
100	.90	6		.90	8		.91	1		.91	4		.91	7	
90	.81	5		.81	8		.82	0		.82	3		.82	5	
80	.72	4		.72	7		.72	9		.73	1		.73	3	
70	.63	4		.63	6		.63	8		.64	0		.64	2	
60	.54	3		.54	5		.54	7		.54	8		.55	0	
50	.45	3		.45	4		.45	6		.45	7		.45	8	
40	.36	2		.36	3		.36	4		.36	6		.36	7	
30	.27	2		.27	3		.27	3		.27	4		.27	5	
20	.18	1		.18	2		.18	2		.18	3		.18	3	
10	.09	1		.09	1		.09	1		.09	1		.09	2	
9	.08	2		.08	2		.08	2		.08	2		.08	3	
8	.07	2		.07	3		.07	3		.07	3		.07	3	
7	.06	3		.06	4		.06	4		.06	4		.06	4	
5	.05	4		.05	5		.05	5		.05	5		.05	5	
6	.04	5		.04	5		.04	6		.04	6		.04	6	
4	.03	6		.03	6		.03	6		.03	7		.03	7	
3	.02	7		.02	7		.02	7		.02	7		.02	8	
2	.01	8		.01	8		.01	8		.01	8		.01	8	
1	.00	9		.00	9		.00	9		.00	9		.00	9	
	May. 22.			May. 23.			May. 24.			May. 25.			May. 26.		

335

Principal.	Nov. 27. 331 Days.			Nov. 28. 332 Days			Nov. 29. 333 Days			Nov. 30. 334 Days			Dec. 1. 335 Days		
$	$	c	m	$	c	m	$	c	m	$	c	m	$	c	m
10,000	91.94		4	92.22		2	92.50		0	92.77		8	93.05		6
9,000	82.75		0	83.00		0	83.25		0	83.50		0	83.75		0
8,000	73.55		6	73.77		8	74.00		0	74.22		2	74.44		4
7,000	64.36		1	64.55		6	64.75		0	64.94		4	65.13		9
6,000	55.16		7	55.33		3	55.50		0	55.66		7	55.83		3
5,000	45.97		2	46.11		1	46.25		0	46.38		9	46.52		8
4,000	36.77		8	36.88		9	37.00		0	37.11		1	37.22		2
3,000	27.58		3	27.66		7	27.75		0	27.83		3	27.91		7
2,000	18.38		9	18.44		4	18.50		0	18.55		6	18.61		1
1,000	9.19		4	9.22		2	9.25		0	9.27		8	9.30		6
900	8.27		5	8.30		0	8.32		5	8.35		0	8.37		5
800	7.35		6	7.37		8	7.40		0	7.42		2	7.44		4
700	6.43		6	6.45		6	6.47		5	6.49		4	6.51		4
600	5.51		7	5.53		3	5.55		0	5.56		7	5.58		3
500	4.59		7	4.61		1	4.62		5	4.63		9	4.65		3
400	3.67		8	3.68		9	3.70		0	3.71		1	3.72		2
300	2.75		8	2.76		7	2.77		5	2.78		3	2.79		2
200	1.83		9	1.84		4	1.85		0	1.85		6	1.86		1
100	.91		9	.92		2	.92		5	.92		8	.93		1
90	.82		8	.83		0	.83		3	.83		5	.83		8
80	.73		6	.73		8	.74		0	.74		2	.74		4
70	.64		4	.64		6	.64		8	.64		9	.65		1
60	.55		2	.55		3	.55		5	.55		7	.55		8
50	.46		0	.46		1	.46		3	.46		4	.46		5
40	.36		8	.36		9	.37		0	.37		1	.37		2
30	.27		6	.27		7	.27		8	.27		8	.27		9
20	.18		4	.18		4	.18		5	.18		6	.18		6
10	.09		2	.09		2	.09		3	.09		3	.09		3
9	.08		3	.08		3	.08		3	.08		4	.08		4
8	.07		4	.07		4	.07		4	.07		4	.07		4
7	.06		4	.06		5	.06		5	.06		5	.06		5
6	.05		5	.05		5	.05		6	.05		6	.05		6
5	.04		6	.04		6	.04		6	.04		6	.04		7
4	.03		7	.03		7	.03		7	.03		7	.03		7
3	.02		8	.02		8	.02		8	.02		8	.02		8
2	.01		8	.01		8	.01		9	.01		9	.01		9
1	.00		9	.00		9	.00		9	.00		9	.00		9
	May 27.			May 28.			May 29.			May 30.			May 31.		

Dec. 330.

Principal.	Dec. 2. 336 Days		Dec. 3. 337 Days		Dec. 4. 338 Days		Dec. 5. 339 Days		Dec. 6. 340 Days	
$	$ c	m	$ c	m	$ c	m	$ c	m	$ c	m
10,000	93.33	3	93.61	1	93.88	9	94.16	7	94.44	4
9,000	84.00	0	84.25	0	84.50	0	84.75	0	85.00	0
8,000	74.66	7	74.88	9	75.11	1	75.33	3	75.55	6
7,000	65.33	3	65.52	8	65.72	2	65.91	7	66.11	1
6,000	56.00	0	56.16	7	56.33	3	56.50	0	56.66	7
5,000	46.66	7	46.80	6	46.94	4	47.08	3	47.22	2
4,000	37.33	3	37.44	4	37.55	6	37.66	7	37.77	8
3,000	28.00	0	28.08	3	28.16	7	28.25	0	28.33	3
2,000	18.66	7	18.72	2	18.77	8	18.83	3	18.88	9
1,000	9.33	3	9.36	1	9.38	9	9.41	7	9.44	4
900	8.40	0	8.42	5	8.45	0	8.47	5	8.50	0
800	7.46	7	7.48	9	7.51	1	7.53	3	7.55	6
700	6.53	3	6.55	3	6.57	2	6.59	2	6.61	1
600	5.60	0	5.61	7	5.63	3	5.65	0	5.66	7
500	4.66	7	4.68	1	4.69	4	4.70	8	4.72	2
400	3.73	3	3.74	4	3.75	6	3.76	7	3.77	8
300	2.80	0	2.80	8	2.81	7	2.82	5	2.83	3
200	1.86	7	1.87	2	1.87	8	1.88	3	1.88	9
100	.93	3	.93	6	.93	9	.94	2	.94	4
90	.84	0	.84	3	.84	5	.84	8	.85	0
80	.74	7	.74	9	.75	1	.75	3	.75	6
70	.65	3	.65	5	.65	7	.65	9	.66	1
60	.56	0	.56	2	.56	3	.56	5	.56	7
50	.46	7	.46	8	.46	9	.47	1	.47	2
40	.37	3	.37	4	.37	6	.37	7	.37	8
30	.28	0	.28	1	.28	2	.28	3	.28	3
20	.18	7	.18	7	.18	8	.18	8	.18	9
10	.09	3	.09	4	.09	4	.09	4	.09	4
9	.08	4	.08	4	.08	5	.08	5	.08	5
8	.07	5	.07	5	.07	5	.07	5	.07	6
7	.06	5	.06	6	.06	6	.06	6	.06	6
6	.05	6	.05	6	.05	6	.05	7	.05	7
5	.04	7	.04	7	.04	7	.04	7	.04	7
4	.03	7	.03	7	.03	8	.03	8	.03	8
3	.02	8	.02	8	.02	8	.02	8	.02	8
2	.01	9	.01	9	.01	9	.01	9	.01	9
1	.00	9	.00	9	.00	9	.00	9	.00	9
	June 1.		June 2.		June 3.		June 4.		June 5.	

345

Principal.	Dec. 7. 341 Days.			Dec. 8. 342 Days			Dec. 9. 343 Days			Dec. 10. 344 Days			Dec. 11. 345 Days		
$	$	c	m	$	c	m	$	c	m	$	c	m	$	c	m
10,000	94.72		2	95.00		0	95.27		8	95.55		6	95.83		3
9,000	85.25		0	85.50		0	85.75		0	86.00		0	86.25		0
8,000	75.77		8	76.00		0	76.22		2	76.44		4	76.66		7
7,000	66.30		6	66.50		0	66.69		4	66.88		9	67.08		3
6,000	56.83		3	57.00		0	57.16		7	57.33		3	57.50		0
5,000	47.36		1	47.50		0	47.63		9	47.77		8	47.91		7
4,000	37.88		9	38.00		0	38.11		1	38.22		2	38.33		3
3,000	28.41		7	28.50		0	28.58		3	28.66		7	28.75		0
2,000	18.94		4	19.00		0	19.05		6	19.11		1	19.16		7
1,000	9.47		2	9.50		0	9.52		8	9.55		6	9.58		3
900	8.52		5	8.55		0	8.57		5	8.60		0	8.62		5
800	7.57		8	7.60		0	7.62		2	7.64		4	7.66		7
700	6.63		1	6.65		0	6.66		9	6.68		9	6.70		8
600	5.68		3	5.70		0	5.71		7	5.73		3	5.75		0
500	4.73		6	4.75		0	4.76		4	4.77		8	4.79		2
400	3.78		9	3.80		0	3.81		1	3.82		2	3.83		3
300	2.84		2	2.85		0	2.85		8	2.86		7	2.87		5
200	1.89		4	1.90		0	1.90		6	1.91		1	1.91		7
100	.94		7	.95		0	.95		3	.95		6	.95		8
90	.85		3	.85		5	.85		8	.86		0	.86		3
80	.75		8	.76		0	.76		2	.76		4	.76		7
70	.66		3	.66		5	.66		7	.66		9	.67		1
60	.56		8	.57		0	.57		2	.57		3	.57		5
50	.47		4	.47		5	.47		6	.47		8	.47		9
40	.37		9	.38		0	.38		1	.38		2	.38		3
30	.28		4	.28		5	.28		6	.28		7	.28		8
20	.18		9	.19		0	.19		1	.19		1	.19		2
10	.09		5	.09		5	.09		5	.09		6	.09		6
9	.08		5	.08		6	.08		6	.08		6	.08		6
8	.07		6	.07		6	.07		6	.07		6	.07		7
7	.06		6	.06		7	.06		7	.06		7	.06		7
6	.05		7	.05		7	.05		7	.05		7	.05		8
5	.04		7	.04		8	.04		8	.04		8	.04		8
4	.03		8	.03		8	.03		8	.03		8	.03		8
3	.02		8	.02		9	.02		9	.02		9	.02		9
2	.01		9	.01		9	.01		9	.01		9	.01		9
1	.00		9	.01		0	.01		0	.01		0	.01		0

June, 6. June. 7. June, 8, June. 9. June, 10.

350

Principal	Dec. 12. 346 Days			Dec. 13. 347 Days			Dec. 14. 348 Days			Dec. 15. 349 Days			Dec. 16. 350 Days		
$	$	c	m	$	c	m	$	c	m	$	c	m	$	c	m
10,000	96.11		1	96.38		9	96.66		7	96.94		4	97.22		2
9,000	86.50		0	86.75		0	87.00		0	87.25		0	87.50		0
8,000	76.88		9	77.11		1	77.33		3	77.55		6	77.77		8
7,000	67.27		8	67.47		2	67.66		7	67.86		1	68.05		6
6,000	57.66		7	57.83		3	58.00		0	58.16		7	58.33		3
5,000	48.05		6	48.19		4	48.33		3	48.47		2	48.61		1
4,000	38.44		4	38.55		6	38.66		7	38.77		8	38.88		9
3,000	28.83		3	28.91		7	29.00		0	29.08		3	29.16		7
2,000	19.22		2	19.27		8	19.33		3	19.38		9	19.44		4
1,000	9.61		1	9.63		9	9.66		7	9.69		4	9.72		2
900	8.65		0	8.67		5	8.70		0	8.72		5	8.75		0
800	7.68		9	7.71		1	7.73		0	7.75		6	7.77		8
700	6.72		8	6.74		7	6.76		7	6.78		6	6.80		6
600	5.76		7	5.78		3	5.80		0	5.81		7	5.83		3
500	4.80		6	4.81		9	4.83		3	4.84		7	4.86		1
400	3.84		4	3.85		6	3.86		7	3.87		8	3.88		9
300	2.88		3	2.89		2	2.90		0	2.90		8	2.91		7
200	1.92		2	1.92		8	1.93		3	1.93		9	1.94		4
100	,96		1	,96		4	,96		7	,96		9	,97		2
90	.86		5	.86		8	,87		0	.87		3	,87		5
80	.76		9	.77		1	.77		3	.77		6	,77		8
70	.67		3	.67		5	.67		7	.67		9	,68		1
60	.57		7	.57		8	.58		0	.58		2	,58		3
50	.48		1	.48		2	.48		3	.48		5	,48		6
40	.38		4	.38		6	.38		7	.38		8	,38		9
30	.28		8	.28		9	.29		0	.29		1	,29		2
20	.19		2	.19		3	.19		3	.19		4	,19		4
10	.09		6	,09		6	.09		7	.09		7	.09		7
9	.08		7	.08		7	.08		7	.08		7	.08		8
8	.07		7	.07		7	.07		7	.07		8	.07		8
7	.06		7	,06		7	.06		8	.06		8	.06		8
5	.05		8	,05		8	.05		8	.05		8	,05		8
6	.04		8	.04		8	04		8	.04		8	.04		9
4	.03		8	.03		9	,03		9	.03		9	.03		9
3	.02		9	.02		9	.02		9	.02		9	.02		9
2	.01		9	.01		9	.01		9	.01		9	.01		9
1	.01		0	.01		0	.01		0	.01		0	,01		0
	June. 11.			June. 12.			June. 13.			June. 14.			June. 15.		

355

Principal.	Dec. 17. 351 Days			Dec. 18. 352 Days			Dec. 19. 353 Days			Dec. 20. 354 Days			Dec. 21. 355 Days		
$	$	c	m	$	c	m	$	c	m	$	c	m	$	c	m
10,000	97.50	0		97.77	8		98.05	6		98.33	3		98.61	1	
9,000	87.75	0		88.00	0		88.25	0		88.50	0		88.75	0	
8,000	78.00	0		78.22	2		78.44	4		78.66	7		78.88	9	
7,000	68.25	0		68.44	4		68.63	9		68.83	3		69.02	8	
6,000	58.50	0		58.66	7		58.83	3		59.00	0		59.16	7	
5,000	48.75	0		48.88	9		49.02	8		49.16	7		49.30	6	
4,000	39.00	0		39.11	1		39.22	2		39.33	3		39.44	4	
3,000	29.25	0		29.33	3		29.41	7		29.50	0		29.58	3	
2,000	19.50	0		19.55	6		19.61	1		19.66	7		19.72	2	
1,000	9.75	0		9.77	8		9.80	6		9.83	3		9.86	1	
900	8.77	5		8.80	0		8.82	5		8.85	0		8.87	5	
800	7.80	0		7.82	2		7.84	4		7.86	7		7.88	9	
700	6.82	5		6.84	4		6.86	4		6.88	3		6.90	3	
600	5.85	0		5.86	7		5.88	3		5.90	0		5.91	7	
500	4.87	5		4.88	9		4.90	3		4.91	7		4.93	1	
400	3.90	0		3.91	1		3.92	2		3.93	3		3.94	4	
300	2.92	5		2.93	3		2.94	2		2.95	0		2.95	8	
200	1.95	0		1.95	6		1.96	1		1.96	7		1.97	2	
100	.97	5		.97	8		.98	1		.98	3		.98	6	
90	.87	8		.88	0		.88	3		.88	5		.88	8	
80	.78	0		.78	2		.78	4		.78	7		.78	9	
70	.68	3		.68	4		.68	6		.68	8		.69	0	
60	.58	5		.58	7		.58	8		.59	0		.59	2	
50	.48	8		.48	9		.49	0		.49	2		.49	3	
40	.39	0		.39	1		.39	2		.39	3		.39	4	
30	.29	3		.29	3		.29	4		.29	5		.29	6	
20	.19	5		.19	6		.19	6		.19	7		.19	7	
10	.09	8		.09	8		.09	8		.09	8		.09	9	
9	.08	8		.08	8		.08	8		.08	9		.08	9	
8	.07	8		.07	8		.07	8		.07	9		.07	9	
7	.06	8		.06	8		.06	9		.06	9		.06	9	
6	.05	9		.05	9		.05	9		.05	9		.05	9	
5	.04	9		.04	9		.04	9		.04	9		.04	9	
4	.03	9		.03	9		.03	9		.03	9		.03	9	
3	.02	9		.02	9		.02	9		.03	0		.03	0	
2	.02	0		.02	0		.02	0		.02	0		.02	0	
1	.01	0		.01	0		.01	0		.01	0		.01	0	
	June 16.			June 17.			June 18.			June 19.			June 20.		

Principal.	Dec. 22. 356 Days		Dec. 23. 357 Days		Dec. 24. 358 Days		Dec. 25. 359 Days		Dec. 26. 1 Year.	
$	$ c	m	$ c	m	$ c	m	$ c	m	$ c	m
10,000	98.88	9	99.16	7	99.44	4	99.72	2	100.00	0
9,000	89.00	0	89.25	0	89.50	0	89.75	0	90.00	0
8,000	79.11	1	79.33	3	79.55	6	79.77	8	80.00	0
7,000	69.22	2	69.41	7	69.61	1	69.80	6	70.00	0
6,000	59.33	3	59.50	0	59.66	7	59.83	3	60.00	0
5,000	49.44	4	49.58	3	49.72	2	49.86	1	50.00	0
4,000	39.55	6	39.66	7	39.77	8	39.88	9	40.00	0
3,000	29.66	7	29.75	0	29.83	3	29.91	7	30.00	0
2,000	19.77	8	19.83	3	19.88	9	19.94	4	20.00	0
1,000	9.88	9	9.91	7	9.94	4	9.97	2	10.00	0
900	8.90	0	8.92	5	8.95	0	8.97	5	9.00	0
800	7.91	1	7.93	3	7.95	6	7.97	8	8.00	0
700	6.92	2	6.94	2	6.96	1	6.98	1	7.00	0
600	5.93	3	5.95	0	5.96	7	5.98	3	6.00	0
500	4.94	4	4.95	8	4.97	2	4.98	6	5.00	0
400	3.95	6	3.96	7	3.97	8	3.98	9	4.00	0
300	2.96	7	2.97	5	2.98	3	2.99	2	3.00	0
200	1.97	8	1.98	3	1.98	9	1.99	4	2.00	0
100	.98	9	.99	2	.99	4	.99	7	1.00	0
90	.89	0	.89	3	.89	5	.89	8	.90	0
80	.79	1	.79	3	.79	6	.79	8	.80	0
70	.69	2	.69	4	.69	6	.69	8	.70	0
60	.59	3	.59	5	.59	7	.59	8	.60	0
50	.49	4	.49	6	.49	7	.49	9	.50	0
40	.39	6	.39	7	.39	8	.39	9	.40	0
30	.29	7	.29	8	.29	8	.29	9	.30	0
20	.19	8	.19	8	.19	9	.19	9	.20	0
10	.09	9	.09	9	.09	9	.10	0	.10	0
9	.08	9	.08	9	.09	0	.09	0	.09	0
8	.07	9	.07	9	.08	0	.08	0	.08	0
7	.06	9	.06	9	.07	0	.07	0	.07	0
6	.05	9	.06	0	.06	0	.06	0	.06	0
5	.04	9	.05	0	.05	0	.05	0	.05	0
4	.04	0	.04	0	.04	0	.04	0	.04	0
3	.03	0	.03	0	.03	0	.03	0	.03	0
2	.02	0	.02	0	.02	0	.02	0	.02	0
1	.01	0	.01	0	.01	0	.01	0	.01	0
	June 21,		June 22.		June 23.		June 24,		June 25.	

Principal.	Dec. 27. 361 Days.	Dec. 28. 362 Days	Dec. 29. 363 Days	Dec. 30. 364 Days	Dec. 31. 365 Days
$	$ c m	$ c m	$ c m	$ c m	$ c m
10,000	100.27 8	100.55 6	100.83 3	101.11 1	101.38 9
9,000	90.25 0	90.50 0	90.75 0	91.00 0	91.25 0
8,000	80.22 2	80.44 4	80.66 7	80.88 9	81.11 1
7,000	70.19 4	70.38 9	70.58 3	70.77 8	70.97 2
6,000	60.16 7	60.33 3	60.50 0	60.66 7	60.83 3
5,000	50.13 9	50.27 8	50.41 7	50.55 6	50.69 4
4,000	40.11 1	40.22 2	40 33 3	40.44 4	40.55 6
3,000	30.08 3	30.16 7	30.25 0	30.33 3	30.41 7
2,000	20.05 6	20.11 1	20.16 7	20.22 2	20.27 8
1,000	10.02 8	10.05 6	10.08 3	10.11 1	10.13 9
900	9.02 5	9.05 0	9.07 5	9.10 0	9.12 5
800	8.02 2	8.04 4	8 06 7	8.08 9	8.11 1
700	7.01 9	7.03 9	7.05 8	7.07 8	7.09 7
600	6.01 7	6.03 3	6.05 0	6.06 7	6.08 3
500	5.01 4	5.02 8	5.04 2	5.05 6	5.06 9
400	4.01 1	4.02 2	4.03 3	4.04 4	4.05 6
300	3.00 8	3.01 7	3.02 5	3.03 3	3.04 2
200	2.00 6	2.01 1	2.01 7	2.02 2	2.02 8
100	1.00 3	1.00 6	1.00 8	1.01 1	1.01 4
90	.90 3	.90 5	.90 8	.91 0	.91 3
80	.80 2	.80 4	.80 7	.80 9	.81 1
70	.70 2	.70 4	.70 6	.70 8	.71 0
60	.60 2	.60 3	.60 5	.60 7	.60 8
50	.50 1	.50 3	.50 4	.50 6	.50 7
40	.40 1	.40 2	.40 3	.40 4	.40 6
30	.30 1	.30 2	.30 3	.30 3	.30 4
20	.20 1	.20 1	.20 2	.20 2	.20 3
10	.10 0	.10 1	.10 1	.10 1	.10 1
9	.09 0	.09 1	.09 1	.09 1	.09 1
8	.08 0	.08 0	.08 1	.08 1	.08 1
7	.07 0	.07 0	.07 1	.07 1	.07 1
6	.06 0	.06 0	.06 1	.06 1	.06 1
5	.05 0	.05 0	.05 0	.05 1	.05 1
4	.04 0	.04 0	.04 0	.04 0	.04 1
3	.03 0	.03 0	.03 0	.03 0	.03 0
2	.02 0	.02 0	.02 0	.02 0	.02 0
1	.01 0	.01 0	.01 0	.01 0	.01 0
	June. 26.	June. 27.	June, 28.	June. 29.	June. 30.

Principal	2 Years			3 Years			4 Years			5 Years			6 Years		
$	$	c	m	$	c	m	$	c	m	$	c	m	$	c	m
10,000	200.00	0		300.00	0		400.00	0		500.00	0		600.00	0	
9,000	180.00	0		270.00	0		360.00	0		450.00	0		540.00	0	
8,000	160.00	0		240.00	0		320.00	0		400.00	0		480.00	0	
7,000	140.00	0		210.00	0		280.00	0		350.00	0		420.00	0	
6,000	120.00	0		180.00	0		240.00	0		300.00	0		360.00	0	
5,000	100.00	0		150.00	0		200.00	0		250.00	0		300.00	0	
4,000	80.00	0		120.00	0		160.00	0		200.00	0		240.00	0	
3,000	60.00	0		90.00	0		120.00	0		150.00	0		180.00	0	
2,000	40.00	0		60.00	0		80.00	0		100.00	0		120.00	0	
1,000	20.00	0		30.00	0		40.00	0		50.00	0		60.00	0	
900	18.00	0		27.00	0		36.00	0		45.00	0		54.00	0	
800	16.00	0		24.00	0		32.00	0		40.00	0		48.00	0	
700	14.00	0		21.00	0		28.00	0		35.00	0		42.00	0	
600	12.00	0		18.00	0		24.00	0		30.00	0		36.00	0	
500	10.00	0		15.00	0		20.00	0		25.00	0		30.00	0	
400	8.00	0		12.00	0		16.00	0		20.00	0		24.00	0	
300	6.00	0		9.00	0		12.00	0		15.00	0		18.00	0	
200	4.00	0		6.00	0		8.00	0		10.00	0		12.00	0	
100	2.00	0		3.00	0		4.00	0		5.00	0		6.00	0	
90	1.80	0		2.70	0		3.60	0		4.50	0		5.40	0	
80	1.60	0		2.40	0		3.20	0		4.00	0		4.80	0	
70	1.40	0		2.10	0		2.80	0		3.50	0		4.20	0	
60	1.20	0		1.80	0		2.40	0		3.00	0		3.60	0	
50	1.00	0		1.50	0		2.00	0		2.50	0		3.00	0	
40	.80	0		1.20	0		1.60	0		2.00	0		2.40	0	
30	.60	0		.90	0		1.20	0		1.50	0		1.80	0	
20	.40	0		.60	0		.80	0		1.00	0		1.20	0	
10	.20	0		.30	0		.40	0		.50	0		.60	0	
9	.18	0		.27	0		.36	0		.45	0		.54	0	
8	.16	0		.24	0		.32	0		.40	0		.48	0	
7	.14	0		.21	0		.28	0		.35	0		.42	0	
6	.12	0		.18	0		.24	0		.30	0		.36	0	
5	.10	0		.15	0		.20	0		.25	0		.30	0	
4	.08	0		.12	0		.16	0		.20	0		.24	0	
3	.06	0		.09	0		.12	0		.15	0		.18	0	
2	.04	0		.06	0		.08	m		.10	0		.12	0	
1	.02	0		.03	0		.04	0		.05	0		.06	0	

APPENDIX.

TABLE

Showing the amount of $1 for any number of years from 1 to 20, INTEREST COMPOUNDED SEMI-ANNUALLY.

For the compound interest, subtract 1 from the amount.

Years	5 per Ct.	6 per Ct.	7 per Ct.	8 per Ct.	9 per Ct.	10 per Ct
½	1.025	1.030	1.035	1.04	1.045	1.05
1	1.050625	1.0609	1.071225	1.0816	1.092025	1.1025
1½	1.076891	1.092727	1.108718	1.124864	1.141166	1.157625
2	1.103813	1.125509	1.147523	1.169859	1.192519	1.215506
2½	1.131408	1.159274	1.187686	1.216653	1.246182	1.275282
3	1.159693	1.194052	1.229255	1.265319	1.30226	1.340096
3½	1.188686	1.229874	1.272279	1.315932	1.360862	1.4071
4	1.218403	1.26677	1.316809	1.368569	1.422101	1.477455
4½	1.248863	1.304773	1.362897	1.423312	1.486095	1.551328
5	1.280085	1.343916	1.410599	1.480244	1.552969	1.628895
5½	1.312087	1.384234	1.45997	1.539454	1.622853	1.710339
6	1.344889	1.425761	1.511069	1.601032	1.695881	1.795856
6½	1.378511	1.468534	1.563956	1.665074	1.772196	1.885649
7	1.412974	1.51259	1.618695	1.731676	1.851945	1.979952
7½	1.448298	1.557967	1.675349	1.800944	1.935282	2.078928
8	1.484506	1.604706	1.733986	1.872981	2.02237	2.182875
8½	1.521618	1.652848	1.794676	1.947901	2.113377	2.292018
9	1.559659	1.702433	1.857489	2.025817	2.208479	2.406619
9½	1.59865	1.753506	1.922501	2.106849	2.30786	2.52695
10	1.638616	1.806111	1.989789	2.191123	2.411714	2.653298
10½	1.679582	1.860295	2.059431	2.278768	2.520241	2.785963
11	1.721571	1.916103	2.131512	2.309919	2.633652	2.925261
11½	1.764611	1.973587	2.206114	2.464716	2.752106	3.071524
12	1.808726	2.032794	2.283328	2.563304	2.876014	3.2251
12½	1.853944	2.093778	2.363245	2.665836	3.005434	3.386355
13	1.900293	2.156591	2.445959	2.77247	3.140679	3.555673
13½	1.9478	2.221289	2.531667	2.883369	3.282009	3.733456
14	1.996495	2.287928	2.620177	2.998703	3.4297	3.920129
14½	2.046407	2.356566	2.711878	3.118651	3.581036	4.116136
15	2.037568	2.427262	2.806794	3.243398	3.745318	4.321942
15½	2.150007	2.5	2.905031	3.373133	3.913857	4.538039
16	2.203757	2.575083	3.006708	3.508059	4.089981	4.764941
16½	2.258851	2.652335	3.111942	3.648381	4.27403	5.003189
17	2.315322	2.731905	3.22086	3.794316	4.466362	5.253348
17½	2.373205	2.813662	3.33359	3.946089	4.667348	5.516015
18	2.432535	2.898278	3.450266	4.103933	4.877378	5.791816
18½	2.493349	2.985227	3.571025	4.26809	5.09686	6.081407
19	2.555632	3.074783	3.696011	4.438813	5.326219	6.385477
19½	2.619574	3.167027	3.825372	4.616366	5.565899	6.704751
20	2.685064	3.262038	3.95926	4.801021	5.816365	7.039989

TABLE,

Showing the **PRESENT VALUE** *of $1, receivable at the end of any given period of 6 months, during 20 years, reckoning Compound Interest, half yearly, at 5, 6, 7, 8, 9 and 10 per cent.*

Years	5 per Ct.	6 per Ct.	7 per Ct.	8 per Ct.	9 per Ct	10 pr. Ct
½	0.97561	0.970874	0.966184	0.961538	0.956938	0.952381
1	.951814	.942596	.933511	.924556	.91573	.907029
1½	.928599	.915142	.901943	.888996	.876297	.863838
2	.905951	.888487	.871442	.854804	.838561	.822702
2½	.883854	.862609	.841973	.821927	.802451	.783526
3	.862297	.837484	.813501	.790315	.767896	.746215
3½	.841265	.813092	.785991	.759918	.734828	.710681
4	.820747	.789409	.759412	.73069	.703185	.676839
4½	.800728	.766417	.733731	.702587	.672904	.644609
5	.781198	.744094	.708919	.675564	.643928	.613913
5½	.762145	.722421	.684946	.649581	.616199	.584679
6	.743556	.70138	.661783	.624597	.589664	.556837
6½	.72542	.680951	.639404	.600574	.564272	.530321
7	.707727	.661118	.617782	.577475	.539973	.505068
7½	.690466	.641862	.596891	.555265	.51672	.481017
8	.673625	.623167	.576706	.533908	.494469	.458112
8½	.657195	.605016	.557204	.513373	.473176	.436297
9	.641166	.587395	.538361	.493628	.4528	.415521
9½	.625528	.570286	.520156	,474042	.433302	.395734
10	.610271	.553676	.502566	.456387	.414643	.376889
10½	.595386	.537549	.485571	.438834	.396787	.358942
11	.580865	.521893	.469151	.421955	.379701	.34185
11½	.566697	.506692	.453286	.405726	.36335	.325571
12	.552875	.491934	.437957	.390121	.347702	.310068
12½	.539391	.477606	.423147	.375117	.33273	.295303
13	.526235	.463695	.408838	.360689	.318402	.281241
13½	.5134	.450189	.395012	.346817	.304691	.267848
14	.500878	.437077	.381654	.333477	.291571	.255094
14½	.488661	.424346	.368748	.320651	.279015	.242946
15	.476743	.411987	.356278	.308319	.267	.231377
15½	.465115	.399987	.34423	.29646	.255502	.220359
16	.453771	.388337	.33259	.285058	.2445	.209866
16½	.442703	.377026	.321343	.274094	.233971	.199873
17	.431905	.366045	.310476	.263552	.223896	.190355
17½	.421371	.355383	.299977	.253415	.214254	.18129
18	.411094	.345032	.289833	.243669	.205028	.172657
18½	.401067	.334983	.280032	.234297	.196199	.164436
19	.391285	.325226	.270562	.225285	.18775	.156605
19½	.381741	.315754	.261413	.216621	.179665	.149148
20	.372431	.306557	.252572	.208289	.171929	.142046

A iii.

TABLE, REDUCING SHILLINGS AND PENCE

Shillings.	0.	1d.	2d.	3d.	4d.	5d.
0	00	.0042	.0083	.0125	.0167	.0208
1	.05	.0542	.0583	.0625	.0667	.0708
2	.10	.1042	.1083	.1125	.1167	.1208
3	.15	.1542	.1583	.1625	.1667	.1708
4	.20	.2042	.2083	.2125	.2167	.2208
5	.25	.2542	.2583	.2625	.2667	.2708
6	.30	.3042	.3083	.3125	.3167	.3208
7	.35	.3542	.3583	.3625	.3667	.3708
8	.40	.4042	.4083	.4125	.4167	.4208
9	.45	.4542	.4583	.4625	.4667	.4708
10	.50	.5042	.5083	.5125	.5167	.5208
11	.55	.5542	.5583	.5625	.5667	.5708
12	.60	.6042	.6083	.6125	.6167	.6208
13	.65	.6542	.6583	.6625	.6667	.6708
14	.70	.7042	.7083	.7125	.7167	.7208
15	.75	.7542	.7583	.7625	.7667	.7708
17	.80	.8042	.8083	.8125	.8167	.8208
16	.85	.8542	.8583	.8625	.8667	.8708
18	.90	.9042	.9083	.9125	.9167	.9208
19	.95	.9542	.9583	.9625	.9667	.9708
20	1.00					

DIRECTIONS.

To find the value of Shillings and Pence expressed in decimals of a £, find the Shillings in the left hand vertical column, and the Pence in the upper horizontal row.

The result will be found where the vertical column and horizontal row, found as above, intersect each other.

To Decimals of the £ Sterling.

Shillings.	6d.	7d.	8d.	9d.	10d.	11d.
0	.025	.0292	.0333	.0375	.0417	.0458
1	.075	.0792	.0833	.0875	.0917	.0958
2	.125	.1292	.1333	.1375	.1417	.1458
3	.175	.1792	.1833	.1875	.1917	.1958
4	.225	.2292	.2333	.2375	.2417	.2458
5	.275	.2792	.2833	.2875	.2917	.2958
6	.325	.3292	.3333	.3375	.3417	.3458
7	.375	.3792	.3833	.3875	.3917	.3958
8	.425	.4292	.4333	.4375	.4417	.4458
9	.475	.4792	.4833	.4875	.4917	.4958
10	.525	.5292	.5333	.5375	.5417	.5458
11	.575	.5792	.5833	.5875	.5917	.5958
12	.625	.6292	.6333	.6375	.6417	.6458
13	.675	.6792	.6833	.6875	.6917	.6958
14	.725	.7292	.7333	.7375	.7417	.7458
15	.775	.7792	.7833	.7875	.7917	.7958
16	.825	.8292	.8333	.8375	.8417	.8458
17	.875	.8792	.8833	.8875	.8917	.8958
18	.925	.9292	.9333	.9375	.9417	.9458
19	.975	.9792	.9833	.9875	.9917	.9958
20						

EXAMPLE.

Express 9s. 6d. in decimals of a £.

Find 9 Shillings in left hand vertical column, and 6d. in top horizontal column: at their intersection is found .475.

STERLING INTO FEDERAL MONEY.

Table showing the value of any sum from 1 to £10,000, in dollars, cents and mills. Exchange at the rates designated at the heads of the respective columns.

£	Par. $	9 $	9⅛ $	9¼ $	9⅜ $
10,000	44444.444	48444.444	48500.000	48555.556	48611.111
9,000	40000.000	43600.000	43650.000	43700.000	43750.000
8,000	35555.556	38755.556	38800.000	38844.444	38888.889
7,000	31111.111	33911.111	33950.000	33988.889	34027.778
6,000	26666.667	29066.667	29100.000	29133.333	29166.667
5,000	22222.222	24222.222	24250.000	24277.778	24305.556
4,000	17777.778	19377.778	19400.000	19422.222	19444.444
3,000	13333.333	14533.333	14550.000	14566.667	14583.333
2,000	8888.889	9688.889	9700.000	9711.111	9722.222
1,000	4444.444	4844.444	4850.000	4855.556	4861.111
900	4000.000	4360.000	4365.000	4370.000	4375.000
800	3555.556	3875.556	3880.000	3884.444	3888.889
700	3111.111	3391.111	3395.000	3398.889	3402.778
600	2666.666	2906.667	2910.000	2913.333	2916.667
500	2222.222	2422.222	2425.000	2427.778	2430.556
400	1777.778	1937.778	1940.000	1942.222	1944.444
300	1333.333	1453.333	1455.000	1456.667	1458.333
200	888.889	968.889	970.000	971.111	972.222
100	444.444	484.444	485.000	485.556	486.111
90	400.000	436.000	436.500	437.000	437.500
80	355.556	387.556	388.000	388.444	388.889
70	311.111	339.111	339.500	339.889	340.278
60	266.667	290.667	291.000	291.333	291.667
50	222.222	242.222	242.500	242.778	243.056
40	177.778	193.778	194.000	194.222	194.444
30	133.333	145.333	145.500	145.667	145.833
20	88.889	96.889	97.000	97.111	97.222
10	44.444	48.444	48.500	48.556	48.611
9	40.000	43.600	43.650	43.700	43.750
8	35.556	38.756	38.800	38.844	38.889
7	31.111	33.911	33.950	33.989	34.028
6	26.667	29.067	29.100	29.133	29.167
5	22.222	24.222	24.250	24.278	24.306
4	17.778	19.378	19.400	19.422	19.444
3	13.333	14.533	14.550	14.567	14.583
2	8.889	9.689	9.700	9.711	9.722
1	4.444	4.844	4.850	4.856	4.861

STERLING INTO FEDERAL MONEY.

Table showing the value of any sum from 1 to £10,000, in dollars, cents and mills. Exchange at the rates designated at the heads of the respective columns.

£	9½ $	9⅝ $	9¾ $	9⅞ $	10 $
10,000	48666.667	48722.222	48777.778	48833.333	48888.889
9,000	43800.000	43850.000	43900.000	43950.000	44000.000
8,000	38933.333	38977.778	39022.222	39066.667	39111.111
7,000	34066.667	34105.556	34144.444	34183.333	34222.222
6,000	29200.000	29233.333	29266.667	29300.000	29333.333
5,000	24333.333	24361.111	24388.889	24416.667	24444.444
4,000	19466.667	19488.889	19511.111	19533.333	19555.556
3,000	14600.000	14616.667	14633.333	14650.000	14666.667
2,000	9733.333	9744.444	9755.556	9766.666	9777.778
1,000	4866.667	4872.222	4877.778	4883.333	4888.889
900	4380.000	4385.000	4390.000	4395.000	4400.000
800	3893.333	3897.778	3902.222	3906.667	3911.111
700	3406.667	3410.556	3414.444	3418.333	3422.222
600	2920.000	2923.333	2926.667	2930.000	2933.333
500	2433.333	2436.111	2438.889	2441.667	2444.444
400	1946.667	1948.889	1951.111	1953.333	1955.556
300	1460.000	1461.667	1463.333	1465.000	1466.667
200	973.333	974.444	975.556	976.667	977.778
100	486.667	487.222	487.778	488.333	488.889
90	438.000	438.500	439.000	439.500	440.000
80	389.333	389.778	390.222	390.667	391.111
70	340.667	341.056	341.444	341.833	342.222
60	292.000	292.333	292.667	293.000	293.333
50	243.333	243.611	243.889	244.167	244.444
40	194.667	194.889	195.111	195.333	195.556
30	146.000	146.167	146.333	146.500	146.667
20	97.333	97.444	97.556	97.667	97.778
10	48.667	48.722	48.778	48.833	48.889
9	43.800	43.850	43.900	43.950	44.000
8	38.933	38.978	39.022	39.067	39.111
7	34.067	34.106	34.144	34.183	34.222
6	29.200	29.233	29.267	29.300	29.333
5	24.333	24.361	24.389	24.417	24.444
4	19.467	19.489	19.511	19.533	19.556
3	14.600	14.617	14.633	14.650	14.667
2	9.733	9.744	9.756	9.767	9.778
1	4.867	4.872	4.878	4.883	4.889

TABLE

Showing the value of any sum, from \$1 to \$10,000, in £. s. d. and qrs. The premium of Exchange being at the rates at the heads of the Columns respectively.

	Par.			9.0			9⅛			9¼			9⅜		
$	£	s	d	£	s	d	£	s	d	£	s	d	£	s	d
10,000	2250	0	0	2064	4	4¾	2061	17	1¼	2059	9	11¼	2057	2	10¼
9,000	2025	0	0	1857	15	11½	1855	13	4¾	1853	10	11¼	1851	8	6¾
8,000	1800	0	0	1651	7	6¼	1649	9	8¼	1647	11	11¼	1645	14	3½
7,000	1575	0	0	1444	19	1	1443	5	11¾	1441	12	11½	1440	0	0
6,000	1350	0	0	1238	10	7¾	1237	2	3¼	1235	13	11½	1234	5	8½
5,000	1125	0	0	1032	2	2½	1030	18	6¾	1029	14	11½	1028	11	5¼
4.000	900	0	0	825	13	9¼	824	14	10¼	823	15	11¾	822	17	1¾
3,000	675	0	0	619	5	3¾	618	11	1½	617	16	11¾	617	2	10¼
2,000	450	0	0	412	16	10½	412	7	5	411	17	11¾	411	8	6¾
1,000	225	0	0	206	8	5¼	206	3	8½	205	19	0	205	14	3½
900	202	10	0	185	15	7¼	185	11	4	185	7	1¼	185	2	10¼
800	180	0	0	165	2	9	164	18	11¾	164	15	2¼	164	11	5¼
700	157	10	0	144	9	11	144	6	7¼	144	3	8½	144	0	0
600	135	0	0	123	17	0¾	123	14	2¾	123	11	4¾	123	8	6¾
500	112	10	0	103	4	2¾	103	1	10¼	102	19	6	102	17	1¾
400	90	0	0	82	11	4½	82	9	5¾	82	7	7¼	82	5	8½
300	67	10	0	61	18	6½	61	17	1¼	61	15	8½	61	14	3½
200	45	0	0	41	5	8¼	41	4	9	41	3	9½	41	2	10¼
100	22	10	0	20	12	10¼	20	12	4½	20	11	10¾	20	11	5¼
90	20	5	0	18	11	6¾	18	11	1½	18	10	8½	18	10	3½
80	18	0	0	16	10	3¼	16	9	10¾	16	9	6¼	16	9	1¾
70	15	15	0	14	9	0	14	8	8	14	8	4	14	8	0
60	13	10	0	12	7	8½	12	7	5	12	7	1¾	12	6	10¼
50	11	5	0	10	6	5	10	6	2¼	10	5	11½	10	5	8½
40	9	0	0	8	5	1¾	8	4	11½	8	4	9	8	4	6¾
30	6	15	0	6	3	10¼	6	3	8½	6	3	6¼	6	3	5¼
20	4	10	0	4	2	6¾	4	2	5¾	4	2	4½	4	2	3½
10	2	5	0	2	1	3½	2	1	2¾	2	1	2¼	2	1	1¾
9	2	0	6	1	17	1¾	1	17	1¼	1	17	0¾	1	17	0¼
8	1	16	0	1	13	0¼	1	13	0	1	12	11½	1	12	11
7	1	11	6	1	8	10¾	1	8	10½	1	8	10	1	8	9½
6	1	7	0	1	4	9¼	1	4	9	1	4	8½	1	4	8¼
5	1	2	6	1	0	7¾	1	0	7½	1	0	7¼	1	0	6¾
4		18	0		16	6¼		16	6		16	5¾		16	5½
3		13	6		12	4½		12	4½		12	4¼		12	4
2		9	0		8	3		8	3		8	2¾		8	2¾
1		4	6		4	1½		4	1½		4	1½		4	1¼

TABLE

Showing the value of any sum, from $1 to $10,000, in £. s. d. and qrs. The Premium of Exchange at the rates at the heads of the Columns respectively.

	9½			9⅝			9¾			9⅞			10		
$	£	s	d	£	s	d	£	s	d	£	s	d	£	s	d
10,000	2054	15	10¾	2052	9	0¼	2050	2	¾	2047	15	7½	2045	9	1
9,000	1849	6	3½	1847	4	1½	1845	2	0½	1843	0	0¾	1840	18	2¼
8,000	1643	16	8½	1641	19	2¾	1640	1	9¾	1638	4	6	1636	7	3¼
7,000	1438	7	1½	1436	14	3¾	1435	1	7¼	1433	8	11¼	1431	16	4¼
6,000	1232	17	6½	1231	9	5	1230	1	4½	1228	13	4½	1227	5	5½
5,000	1027	7	11¼	1026	4	6¼	1025	1	1¾	1023	17	9¾	1022	14	6½
4,000	821	18	4¼	820	19	7¼	820	0	11	819	2	3	818	3	7¾
3,000	616	8	9¼	615	14	8½	615	0	8¼	614	6	8¼	613	12	8¾
2,000	410	19	2¼	410	9	9¾	410	0	5½	409	11	1½	409	1	9¾
1,000	205	9	7	205	4	10¾	205	0	2¾	204	15	6¾	204	10	11
900	184	18	7½	184	14	5	184	10	2½	184	6	0	184	1	9¾
800	164	7	8	164	3	11	164	0	2¼	163	16	5½	163	12	8¾
700	143	16	8½	143	13	5¼	143	10	2	143	6	10¾	143	3	7¾
600	123	5	9	123	2	11¼	123	0	1¾	122	17	4	122	14	6½
500	102	14	9½	102	12	5½	102	10	1¼	102	7	9½	102	5	5½
400	82	3	10	82	1	11½	82	0	1	81	18	2¾	81	16	4¼
300	61	12	10½	61	11	5¾	61	10	0¾	61	8	8	61	7	3¼
200	41	1	11	41	0	11¾	41	0	0½	40	19	1¼	40	18	2¼
100	20	10	11½	20	10	6	20	10	0¼	20	9	6¾	20	9	1
90	18	9	10¼	18	9	5¼	18	9	0¼	18	8	7¼	18	8	2¼
80	16	8	9¼	16	8	4¾	16	8	0¼	16	7	7¾	16	7	3¼
70	14	7	8	14	7	4	14	7	0¼	14	6	8¼	14	6	4¼
60	12	6	7	12	6	3½	12	6	0¼	12	5	8¾	12	5	5½
50	10	5	5¾	10	5	3	10	5	0¼	10	4	9¼	10	4	6½
40	8	4	4½	8	4	2¼	8	4	0	8	3	9¾	8	3	7¾
30	6	3	3½	6	3	1¾	6	3	0	6	2	10½	6	2	8¾
20	4	2	2¼	4	2	1¼	4	2	0	4	1	11	4	1	9¾
10	2	1	1¼	2	1	0½	2	1	0	2	0	11½	2	0	11
9	1	16	11¾	1	16	11¼	1	16	10¾	1	16	10¼	1	16	9¾
8	1	12	10½	1	12	10	1	12	9½	1	12	9¼	1	12	8¾
7	1	8	9¼	1	8	8¾	1	8	8½	1	8	8	1	8	7¾
6	1	4	8	1	4	7½	1	4	7¼	1	4	7	1	4	6½
5	1	0	6½	1	0	6¼	1	0	6	1	0	5¾	1	0	5½
4		16	5¼		16	5		16	4¾		16	4½		16	4¼
3		12	4		12	3¾		12	3½		12	3½		12	3¼
2		8	2¾		8	2½		8	2½		8	2¼		8	2¼
1		4	1¼		4	1¼		4	1¼		4	1¼		4	1

STERLING INTO FEDERAL MONEY.

Table, showing the value of 1 £, in Dollars and decimals of a dollar. Exchange from Par to 25 Per Ct. Premium, by Eighths.

P	$		$		$		$		$
	4.44444	5	4.66667	10	4.88889	15	5.11111	20	5.33333
⅛	4.45	⅛	4.67222	⅛	4.89444	⅛	5.11667	⅛	5.33889
¼	4.45556	¼	4.67778	¼	4.90	¼	5.12222	¼	5.34444
⅜	4.46111	⅜	4.68333	⅜	4.90556	⅜	5.12778	⅜	5.35
½	4.46667	½	4.68889	½	4.91111	½	5.13333	½	5.35556
⅝	4.47222	⅝	4.69444	⅝	4.91667	⅝	5.13889	⅝	5.36111
¾	4.47778	¾	4.70	¾	4.92222	¾	5.14444	¾	5.36667
⅞	4.48333	⅞	4.70556	⅞	4.92778	⅞	5.15	⅞	5.37222
1	4.48889	6	4.71111	11	4.93333	16	5.15556	21	5.37778
⅛	4.49444	⅛	4.71667	⅛	4.93889	⅛	5.16111	⅛	5.38333
¼	4.50	¼	4.72222	¼	4.94444	¼	5.16667	¼	5.38889
⅜	4.50556	⅜	4.72778	⅜	4.95	⅜	5.17222	⅜	5.39444
½	4.51111	½	4.73333	½	4.95556	½	5.17778	½	5.40
⅝	4.51667	⅝	4.73889	⅝	4.96111	⅝	5.18333	⅝	5.40556
¾	4.52222	¾	4.74444	¾	4.96667	¾	5.18889	¾	5.41111
⅞	4.52778	⅞	4.75	⅞	4.97222	⅞	5.19444	⅞	5.41667
2	4.53333	7	4.75556	12	4.97778	17	5.20	22	5.42222
⅛	4.53889	⅛	4.76111	⅛	4.98333	⅛	5.20556	⅛	5.42778
¼	4.54444	¼	4.76667	¼	4.98889	¼	5.21111	¼	5.43333
⅜	4.55	⅜	4.77222	⅜	4.99444	⅜	5.21667	⅜	5.43889
½	4.55556	½	4.77778	½	5.00	½	5.22222	½	5.44444
⅝	4.56111	⅝	4.78333	⅝	5.00556	⅝	5.22778	⅝	5.45
¾	4.56667	¾	4.78889	¾	5.01111	¾	5.23333	¾	5.45556
⅞	4.57222	⅞	4.79444	⅞	5.01667	⅞	5.23889	⅞	5.46111
3	4.57778	8	4.80	13	5.02222	18	5.24444	23	5.46667
⅛	4.58333	⅛	4.80556	⅛	5.02778	⅛	5.25	⅛	5.47222
¼	4.58889	¼	4.81111	¼	5.03333	¼	5.25556	¼	5.47778
⅜	4.59444	⅜	4.81667	⅜	5.03889	⅜	5.26111	⅜	5.48333
½	4.60	½	4.82222	½	5.04444	½	5.26667	½	5.48889
⅝	4.60556	⅝	4.82778	⅝	5.05	⅝	5.27222	⅝	5.49444
¾	4.61111	¾	4.83333	¾	5.05556	¾	5.27778	¾	5.50
⅞	4.61667	⅞	4.83889	⅞	5.06111	⅞	5.28333	⅞	5.50556
4	4.62222	9	4.84444	14	5.06667	19	5.28889	24	5.51111
⅛	4.62778	⅛	4.85	⅛	5.07222	⅛	5.29444	⅛	5.51667
¼	4.63333	¼	4.85556	¼	5.07778	¼	5.30	¼	5.52222
⅜	4.63889	⅜	4.86111	⅜	5.08333	⅜	5.30556	⅜	5.52778
½	4.64444	½	4.86667	½	5.08889	½	5.31111	½	5.53333
⅝	4.65	⅝	4.87222	⅝	5.09444	⅝	5.31667	⅝	5.53889
¾	4.65556	¾	4.87778	¾	5.10	¾	5.32222	¾	5.54444
⅞	4.66111	⅞	4.88333	⅞	5.10556	⅞	5.32778	⅞	5.55

A x.

FEDERAL MONEY INTO STERLING.

Table, showing the value of $1, in decimals of a £ Sterling. Exchange at from Par to 25 Per Ct. Premium, by Eighths.

P	£		£		£		£		£
	0.225	5	0.2142857	10	0.2045454	15	0.1956522	20	0.1875000
1/8	.2247191	1/8	.2140309	1/8	.2043132	1/8	.1954397	1/8	.1873049
1/4	.2244389	1/4	.2137768	1/4	.2040817	1/4	.1952278	1/4	.1871102
3/8	.2241594	3/8	.2135231	3/8	.2038505	3/8	.1950162	3/8	.1869158
1/2	.2238806	1/2	.21327	1/2	.2036199	1/2	.1948052	1/2	.1867220
5/8	.2236025	5/8	.2130177	5/8	.2033898	5/8	.1945946	5/8	.1865285
3/4	.2233251	3/4	.2127659	3/4	.2031603	3/4	.1943844	3/4	.1863354
7/8	.2230483	7/8	.2125148	7/8	.2029313	7/8	.1941748	7/8	.1861427
1	.2227723	6	.2122642	11	.2027027	16	.1939655	21	.1859504
1/8	.2224969	1/8	.2120142	1/8	.2024747	1/8	.1937567	1/8	.1857585
1/4	.2222222	1/4	.2117647	1/4	.2022472	1/4	.1935484	1/4	.1855670
3/8	.2219483	3/8	.2115157	3/8	.2020202	3/8	.1933405	3/8	.1853759
1/2	.2216749	1/2	.2112676	1/2	.2017937	1/2	.1931330	1/2	.1851852
5/8	.2214022	5/8	.2110199	5/8	.2015677	5/8	.1929260	5/8	.1849949
3/4	.2211302	3/4	.2107728	3/4	.2013423	3/4	.1927195	3/4	.1848049
7/8	.2208589	7/8	.2105264	7/8	.2011173	7/8	.1925134	7/8	.1846154
2	.2205882	7	.2102804	12	.2008928	17	.1923077	22	.1844262
1/8	.2203183	1/8	.210035	1/8	.2006689	1/8	.1921025	1/8	.1842375
1/4	.2200489	1/4	.2097902	1/4	.2004454	1/4	.1918977	1/4	.1840491
3/8	.2197802	3/8	.209546	3/8	.2002225	3/8	.1916933	3/8	.1838611
1/2	.2195122	1/2	.2093023	1/2	.2000000	1/2	.1914894	1/2	.1836735
5/8	.2192448	5/8	.2090593	5/8	.1997780	5/8	.1912859	5/8	.1834862
3/4	.2189781	3/4	.2088167	3/4	.1995556	3/4	.1910828	3/4	.1832994
7/8	.218712	7/8	.2085747	7/8	.1993355	7/8	.1908801	7/8	.1831129
3	.2184466	8	.2083333	13	.199115	18	.1906780	23	.1829268
1/8	.2181818	1/8	.2080925	1/8	.198895	1/8	.1904762	1/8	.1827411
1/4	.2179177	1/4	.2078522	1/4	.1986755	1/4	.1902748	1/4	.1825558
3/8	.2176542	3/8	.2076125	3/8	.1984565	3/8	.1900739	3/8	.1823708
1/2	.2173914	1/2	.2073733	1/2	.1982379	1/2	.1898734	1/2	.1821862
5/8	.2171291	5/8	.2071347	5/8	.1980198	5/8	.1896733	5/8	.1820020
3/4	.2168675	3/4	.2068966	3/4	.1978022	3/4	.1894737	3/4	.1818182
7/8	.2166065	7/8	.2066591	7/8	.1975851	7/8	.1892745	7/8	.1816347
4	.2163462	9	.206422	14	.1973684	19	.1890756	24	.1814516
1/8	.2160865	1/8	.2061855	1/8	.1971522	1/8	.1888772	1/8	.1812689
1/4	.2158273	1/4	.2059497	1/4	.1969365	1/4	.1886792	1/4	.1810865
3/8	.2155689	3/8	.2057143	3/8	.1967213	3/8	.1884817	3/8	.1809045
1/2	.215311	1/2	.2054795	1/2	.1965065	1/2	.1882845	1/2	.1807228
5/8	.2150538	5/8	.2052451	5/8	.1962923	5/8	.1880878	5/8	.1805416
3/4	.2147971	3/4	.2050114	3/4	.1960784	3/4	.1878914	3/4	.1803607
7/8	.2145412	7/8	.2047781	7/8	.1958651	7/8	.1876955	7/8	.1801802

BUSINESS CALCULATIONS.

The repetitions which appear in the following Rules were made advisedly, with a view to aid the accountant in their specific application.

PERCENTAGE.

In Percentage three things are to be considered:
1. The Rate.
2. The Base.
3. The Percentage.

Two of these being known, the third can be ascertained.

I. *To find the percentage, multiply the base by the rate expressed decimally.*

II. *To find the rate, divide the percentage by the base.*

III. *To find the base, divide the percentage by the rate expressed decimally.*

EXAMPLES.

1. What is 7 per cent. of $500?
   $500 \times .07 = 35.00$. *Ans.* $35.
2. What per cent. of 120 is 12?
   $12 \div 120 = .10$. *Ans.* 10 per cent.
3. 35 is 7 per cent. of what number?
   $35 \div .07 = 500$. *Ans.* 500.

IV. To find what number is a certain per cent. more or less than a given number.

1. If the given number is greater than the required number, divide the given number by 1 plus the rate per cent. expressed decimally.

2. If the given number is less than the required number, divide the given number by 1 minus the rate per cent. expressed decimally.

EXAMPLES.

1. Gold being at 15 per cent. premium, how much can be bought for $690 in currency?
   $1 + .15 = 1.15$; $690 \div 1.15 = 600$. *Ans.* $600.

2. If goods are sold for $120, at a loss of 40 per cent., what did they cost?
1 — .40 = .60; 120 ÷ .60 = 200. *Ans.* $200.

3. A broker receives $4100, which he is directed to invest in stock, after deducting his commission of ¼ per cent. What amount must he invest? How much is his commission?
1 + .025 = 1.025; 4100 ÷ 1.025 = 4000, *Amt.*
4100 — 4000 = 100, *Commission.*

PROBLEMS IN INTEREST.

V. TO FIND THE *RATE,*

the principal, interest or amount, and time being given.

RULE.—*Divide the given interest, by the interest of the principal, for the given time, at one per cent.*

If instead of the interest, the *amount* is given, subtract the principal from it, to find the interest.

EXAMPLE.

At what rate will $600 amount to $609.30 in 93 days?
609.30 — 600 = 9.30 = interest.
Interest on $600, for 93 days @ 1 per cent. (see Interest Tables) 1.55.
9.30 ÷ 1.55 = 6. *Ans.* 6 per cent.

VI. To find the *principal,* when the time, rate per cent. and interest are given.

RULE.—*Divide the given interest by the interest on $1., for the given time, at the given rate.*

EXAMPLE.

What sum invested at 7 per cent. for one year, will yield $350 interest?
Interest on $1, for 1 year at 7 per cent. = .07
350 ÷ .07 = 5000. *Ans.* $5000.

VII. To find the *principal*, when the time, rate per cent. and amount are given.

RULE.—*Divide the given amount, by the amount of $1, for the given time, at the given rate.*

EXAMPLE.

What principal will amount to $609.30, in 93 days, at 6 per cent. per annum?
Amount of $1 for 93 days, at 6 per cent. = $1.0155
609.30 ÷ 1.0155 = 600 *Ans.* $600.

VIII. To find the *time*, when the principal, rate per cent. and interest are given.

RULE.—*Divide the given interest, by the interest on the principal, at the given rate, for one day, one month or one year, according to the terms of the problem.*

EXAMPLE.

In how many days will $600, produce $9.30, interest at 6 per cent. per annum?
Interest on $600, for 1 day, at 6 per cent. = .10
9.30 ÷ .10 = 93. *Ans.* 93 days.

PARTIAL PAYMENTS.

When partial payments are made on mercantile accounts which are past due, and on notes *running for a year or less*, it is customary to use the

IX.   VERMONT RULE.

1. Compute the interest on the principal, from the time when it was due, to the time of settlement, and add it to the principal.

2. Compute the interest on each payment, from the time it was made, to the time of settlement, and add the sum of the interest on the payments, to the sum of the payments.

3. Subtract the amount of the payments, including interest, from the amount of the principal, including interest, and the remainder will be the balance due.

By this rule, payments made before the principal is due, are not applied to the discharge of the interest, but are used to reduce the principal.

When the note or account runs through more than one year, the Courts of many of the States, and the U. S. Supreme Court have adopted the following rule, which is generally called the

X. UNITED STATES RULE.

Apply the payment in the first place to the discharge of the interest then due; if the payment exceeds the interest, the surplus goes towards discharging the principal, and the subsequent interest, is to be computed on the balance of principal remaining due. If the payment be less than the interest, the surplus of the interest, must not be taken to augment the principal; but interest continues on the former principal, until the period when the payments taken together equal or exceed the interest due, and then the surplus is to be applied toward discharging the principal, and interest is to be computed on the balance as aforesaid.

Or, apply the payments, in the first place, to the discharge of the interest; then the principal.

Merchants generally strike a balance for successive periods of a year, 6 months, &c., allowing interest on the principal and on the several balances, and also on payments made during such periods from the date of payment to the close of the period.

This is an application of the Vermont rule to each separate year or period, beginning with the date of the note or obligation and making yearly, or other periodical *rests*. The rule is as follows:

XI. THE MERCANTILE RULE.

Find the amount of the principal and interest for one year or period, and subtract from it the

amount of each payment made during the year or period, and its interest from its date to the end of the year or period; the remainder forms a new principal

Proceed in the same manner for each entire year or period that follows, together with such portion of a year or period, as may intervene between the last annual or periodical term, and the time of settlement.

Of these rules, the Vermont rule is the most favorable to the debtor, as it involves no compound interest and all the payments draw interest. Both the Mercantile rule, and the United States rule compound interest, the former once a year, or period, the latter as often as a payment is made, which equals or exceeds the interest then due,

PRESENT WORTH AND DISCOUNT.

The *Present Worth* of a sum due at a future time, is that sum which placed at interest for the given time, at the given rate, will amount to the debt.

The *Discount* is the difference between the present worth, and the face of the debt, and is really the interest on the present worth.

XII. TO FIND THE PRESENT WORTH.

RULE.—*Divide the given sum by the amount of $1, for the given time, at the given rate.*

XIII.   TO FIND THE DISCOUNT.

RULE.—*Subtract the present worth from the given sum.*

EXAMPLE.

What is the present worth of $106, due one year hence, interest at 6 per cent.? What is the discount?

Amount of $1. for 1 year at 6 per cent. = 1.06
106 ÷ 1.06 = 100 = Present Worth
106 — 100 =   6 = Discount.

XIV. BANK DISCOUNT.

Bank Discount is computed on the face of the note instead of on the present worth, and is deducted at the time of making the loan. It is equivalent to simple interest paid in advance for *four* days more than the time specified in the note; the discount day, as well as the day of maturity, being added to three days of grace, in reckoning the time for which interest is to be computed.

XV. To find for what sum, a note must be drawn in order to obtain a particular loan at bank.

RULE.—*Find the bank discount on $1, for the given time, (including grace) at the given rate: Subtract this discount from $1, and divide the given sum by the remainder.*

EXAMPLE.

For what sum must a note at 90 days be drawn, so that the discount at 6 per cent., may be deducted and the proceeds be $1500?

Bank discount on $1, for 94 days = .01567
1 — .01567 = .98433; 1500 ÷ .98433 = 1523.88
Ans. $1523.88

XVI.
TO COMPUTE TIME IN MONTHS & DAYS.

RULE.—*Designate the months by their numbers instead of their names: "3d month" instead of March, "6th month" instead of June, &c., and solve the given problem by Compound Addition or Subtraction.*

EXAMPLE.

How many months and days from the 3d of May, (5th month) to the 11th of October, (10th month) 1871?

```
      Y.    m.   d.
     1871 ·· 10 ·· 11
     1871 ··  5 ··  3
     ─────────────────
              5 ··  8  Ans. 5 mo. 8 days.
```

How many months and days, from October 11th, 1871, to May 3d, 1872?

```
        Y.  ·· m. ·· d.
      1872  ··  5  ··  3
      1871  ·· 10  ·· 11
      ─────────────────
         0  ··  6  ·· 22  Ans. 6 mo., 22 days.
```

In connection with the above rule, for computing time in months and days, it may be well to give, for the benefit of those who may not always have the Tables at hand, the following easily remembered and

XVII. SHORT METHOD OF AVERAGING ACCOUNTS BY INTEREST.

RULE.—*1. Reckon in months and days, the time intervening between and including the* FIRST *day of the month in which the* FIRST *item is due, and the* DUE *dates of the several items of the account, and set the time thus found opposite the respective items.*

2. Compute the interest on each item for the time thus found, at ONE PER CENT. PER MONTH.

3. Divide the sum of the interest by the interest for one month on the amount of the account : the quotient will be the average time in months. If there is a remainder, reduce the fraction of a month to days.

EXAMPLE.

When does the following account mature?

March 10th,		$470.
May 15th,		850.
July 25th,	(3 mo.)	930.
Aug. 20th,		720.
		2970.

OPERATION.

	Time.		Interest.
March 10th,	10 days	470	1.56
May 25th,	2 m. 15 "	850	21.25
Aug. 20th,	5 " 20 "	720	40.80
Oct. 25th, (due date)	7 " 25 "	930	72.85

Interest at 1 per cent. for one month on 2970 = 29.70)136.46(4m.
11880
―――
1766

1766
30
―――
2970)52980(17$\frac{249}{297}$ days.
2970
―――
23280
20790
―――
2490

The average date of the above account, is 4 months and 18 days, (the remainder being more than *half* the divisor) after 3d month (March) 1 or 7th month (July) 18th.

Ans. July 18th.

When sales are made on *time*, be careful to include the term of credit in the computation of time: the average of an account being determined by the *due* dates of the items.

As some months contain more than 30 days, the result, by the above rule, will differ slightly in some instances from that obtained by the usual method; but in ordinary cases the difference is so trifling that the slight inaccuracy is more than counterbalanced by the saving of time and labor in averaging.

By adding 1 day for each of the months containing 31 days and deducting for February, greater accuracy may be secured.

NOTE.—It is a singular fact that a rule of such practical value to the commercial accountant as that above given for computing time and averaging

A xix.

payments, should—once being known—ever be permitted to sink into desuetude. Yet the writer believes he is safe in asserting that not more than one accountant in a hundred is aware of its existence, much less of its terms. Modern arithmetic makers, too, seem to have declined with one accord to rescue it from oblivion; for of *twelve* arithmetics which the writer has examined, only *one** makes any mention of it. So little is it known, that a man has for several years been able to drive a thriving business in our principal cities by canvassing it as his *invention*, and selling it as a *secret* at $5 a head!

The writer believes that the surviving pupils of Timothy Clowes, L.L.D., formerly of Jefferson School, Philada., will recognize in the above rule an old acquaintance.

PROFIT AND LOSS.

XVIII. To find the gain or loss when the cost and rate per cent. are given.

RULE.—*Multiply the cost by the rate per cent. expressed decimally.*

XIX. To find the cost when the selling price and rate per cent. of profit or loss are given.

RULE.—*Divide the selling price by 1 plus the rate per cent. of profit, or 1 minus the rate per cent. of loss, expressed decimally.*

EXAMPLES.

Sold goods for $480, realizing 20 per cent. profit. What did they cost?

---

* The Crittenden Arithmetic, a valuable work for the counting-house.

$1 + .20 = 1.20 : 480 \div 1.20 = 400$. *Ans.* $400.

Sold goods for $135, at a loss of 10 per cent. What was the cost?

$1 - .10 = .90 ; 135 \div .90 = 150$. *Ans.* $150.

XX. To find the rate per cent. of profit or loss, when the gain or loss, or cost and selling price are given.

RULE.—*Divide the gain or loss by the cost.*

EXAMPLE.

Sold goods for $168, which cost $140. What per cent. was gained?

$168 - 140 = 28 = gain$; $28 \div 140 = .20$. *Ans.* 20 per cent.

XXI. To find the rate per cent. of profit or loss at a proposed selling price, the actual selling price and rate per cent. of profit or loss being given.

RULE.—*1. From the actual selling price obtain the cost (§ XIX).*

2. Find the amount of gain or loss, at the proposed selling price by subtraction.

3. Divide the gain or loss by the cost.

EXAMPLE.

1. Sold silk for $3.60 per yard, at a profit of 20 per cent. What per cent. of profit would have been realized if it had been sold for $4.?

$1 + .20 = 1.20$; $3.60 \div 1.20 = 3.00$. Cost.

$\$4.00 - 3.00 = 1.00 =$ proposed profit;

$1.00 \div 3.00. = .33\frac{1}{3}$.

Ans. $33\frac{1}{3}$ per cent.

2. Sold goods for $100 at a loss of 20 per cent. What would have been the rate per cent. of loss if sold for $75?

$1 - .20 = .80$; $100 \div .80 = 125$. Cost.

$125 - 75 = 50$ proposed loss; $50 \div 125 = .40$.

Ans. 40 per cent.

XXII. To find the selling price on which a certain rate per cent. of discount may be made, and the goods sold at cost, or at a given rate of profit or loss.

RULE—TO SELL AT COST.

Divide the cost by 1 MINUS *the rate per cent. of discount.*

TO SELL AT A GIVEN RATE PER CENT. OF PROFIT OR LOSS.

Multiply the cost by 1 PLUS *the rate per cent. of profit, or by 1* MINUS *the rate per cent. of loss, and divide the product by 1* MINUS *the rate per cent. of discount.*

EXAMPLES.

1. Bought goods for $190: for how much must they be sold, that a discount of 5 per cent. may be made and the cost realized?

$1 - .05 = .95$; $190 \div .95 = 200$. *Ans.* $200.

2. Bought goods for $190; at what price must they be marked that a discount of 5 per cent. may be made to customers, and yet a profit of 20 per cent. realized?

$190 \times 1.20 = 228.$; $228 \div .95 = 240$. *Ans.* $240.

Losses not unfrequently occur through errors in calculations of profit when a *discount* is made. If goods are sold at a profit of 10 per cent. and a discount of 5 per cent. on the selling price is allowed, the gain is *not* 5 per cent. but $4\frac{1}{2}$ per cent. If goods are sold at a profit of 25 per cent., and a discount of 20 per cent. is allowed, the *apparent* gain is 5 per cent. but the goods are really sold at cost; in each case the profit being calculated on the first cost only, while the discount is calculated on the cost, *plus* the profit.

Again, mistakes sometimes occur in the following class of cases:

It is usual on *"time* bills" to allow a discount of 5 per cent. for cash payments within 30 days. This discount is allowed on the *amount* of the bill; but often when part payments are made, the discount is computed on the cash payment instead of on *the proportion of the bill extinguished by such payment,* which causes a loss to the buyer.

If a cash payment of $3800 be made on a bill of $5000 the payment cancels $4000: but if the discount is computed on the amount of the payment, it will cancel only $3990; a difference of $10.

Hence,

XXIII. To find what proportion of a bill is settled when part only is paid.

RULE.—*Divide the payment by 1* MINUS *the rate* per cent. of discount.

$1 - .05 = .95$; $3800 \div .95 = 4000$.   *Ans.* $4000.

EXCHANGE.

The limits of this work forbidding an extended discussion of the subject, STERLING EXCHANGE, or *Exchange on England,* only will be considered.

The unit of value in English moneys of account is the £ sterling; its coined representative, the *Sovereign,* being worth *intrinsically* $4.866; but allowing for the wear of coin, the value as established by Act of Congress and as estimated at the U. S. Custom House, is $4.84.

But by the immemorial usage of Bankers, the £ Sterling has been valued by the old Spanish milled Dollar in the proportion of $4.444 to the £, and this old value is still the basis of exchange: the present exchangeable value being expressed by a *premium* on this basis. Hence, when exchange is quoted at 9½ per cent. premium, it is really at par

XXIV. TO REDUCE STERLING TO FEDERAL MONEY.

RULE.—*Multiply the given amount by 40, divide the product by 9, and multiply the quotient by 1 plus the premium.*

EXAMPLE.

What is the value of £100 exchange being at 9½ per cent?

$$100 \times \frac{40}{9} = 444. \quad 444 \times 1.095 = 486.66.$$

Ans. 486.66.

See Tables "Sterling into Federal money."

XXV. TO REDUCE FEDERAL MONEY TO STERLING.

RULE.—*Multiply the given amount by 9, divide the product by 40, and divide the quotient by 1* **PLUS** *the premium.*

EXAMPLE.

What is the value of $1000, exchange being at 9½?

$$1000 \times \frac{9}{40} = 225 \div 1.095 = 205.479.$$

Ans. £205. 479 or £205 9s. 7d.

See Tables "Federal Money into Sterling."

STOCKS, BONDS & INVESTMENTS.

XXVI. To find the dividend on any given number of shares of stock.

Rule.—*Multiply the par value of the Stock by the rate of dividend, expressed decimally.*

EXAMPLE.

How much will be received by the owner of 100 shares of Railroad stock, the par value of which is $50, when a dividend of 6 per cent. is declared?
$100 \times 50 = 5000 \times .06 = 300$. *Ans.* $300.

XXVII. To find the Rate of dividend.

Rule.—*Divide the amount of the dividend by the par value of the Capital Stock.*

EXAMPLE.

The Capital of a Company is $500.000; its net earnings for 6 months $75,000; retaining $15,000 as a Surplus, what rate of dividend can it declare?
$75000 - 15000 = 60000 =$ Amount of dividend.
$60000 \div 500000 = .12$. *Ans.* 12 per cent.

XXVIII. To find what sum must be invested, that a given annual income may be obtained.

Rule.—*Divide the given annual income by the annual income of $1 of the Stock, and multiply the quotient by the market value of $1 of the Stock.*

EXAMPLE.

What sum must be invested in City 6's, at 90, to secure an annual income of $1200?
$1200 \div .06 = 20000 \times .90 = 18000$. *Ans.* $18,000.

XXIX. To find what rate per cent. of income, will be derived from a given investment.

Rule.—*Divide the annual income of $1 by the cost of $1 of the Stock.*

EXAMPLE.

Bought 6 per cent. stocks at 90: what per cent. do they yield?

Annual income of $1 = .06
Cost of $1 of Stock = .90
.06 ÷ .90 = .06⅔ *Ans.* 6⅔ per cent.

XXX. To find at what price stock must be purchased to realize a given rate per cent. upon the investment.

RULE.—*Divide the rate per cent. yielded by the Stock, by the required rate per cent.*

EXAMPLE.

At what price must 7 per cent. stock be bought to realize an income of 8 per cent. on the investment?

.07 ÷ .08 = 87½. *Ans.* 87½.

XXXI. To find what rate must be obtained that a given sum invested may yield a given income.

RULE.—*Divide the given income by the sum invested.*

EXAMPLE.

What rate per cent. must be obtained from an investment of $5000, that $650 annual income may be realized?

650 ÷ 5000 = .13. *Ans.* 13 per cent.

XXXII. To find the price which must be paid for a $100 bond,— paying interest at a given rate, semi-annually, and having a given time to run to maturity,— so that the investment will yield the buyer any named rate per cent. semi-annually.

Let $I =$ Semi-annual rate of interest of Bond.
" $R =$ Semi-annual rate of interest of investment proposed.
" $P =$ Premium paid for Bond—should I be *greater* than R.
" $D =$ Discount of the Bond,—should I be *less* than R.
Let $A =$ An Annuity (or Semi-Annuity) which put out at Compound Interest every six months, for a period 6 *months less*

than the Bond has to run, will amount to exactly $1.

Then P or D can be found by the following formulas:

$$\text{Formula for Bonds bought at Discount.} \bigg\} \frac{R-I}{A+\dfrac{R}{100}} = D.$$

$$\text{Formula for Bonds bought at Premium.} \bigg\} \frac{I-R}{A+\dfrac{R}{100}} = P.$$

The rate of *compounding* is always assumed by these formulas to be at 3 per cent. every six months; six per cent. per annum, being the *average* rate at which re-investments can be made in the U. S.

EXAMPLE.

What price should be paid for a 10 per cent. $100 Bond having 4 years to run, interest payable semi-annually, so that the money invested shall yield the buyer the equivalent of 4 per cent. during that time?

$R = 2$ Semi-annual rate required.
$I = 5$ "   "   Interest on Bond.
$A = \$0.11245639$, the Semi-annuity which in $3\frac{1}{2}$ years compounding will amount to $1.

Then, by the 2d formula,

$$\frac{5-2}{.11245639+.02} = \frac{3}{.13245639} = 22.6489 = \text{Premium.}$$

$100 + 22.6489 = 122.6489$ *Ans.* $122.6489.

The above answer *is correct to a mill;* but its verification is necessarily omitted, requiring as it would, at least five pages of this book. Any person who is versed in Compound Interest Calculations can make the Table of Annuities required.

NOTE.—The Author is indebted to John W. Torrey, Esq., late Cashier, Corn Exchange Bank, Phila., for the above rule, which has never before appeared in print. It forms the basis of the calculations in Mr. Torrey's *Bond and Investment Tables*, a work which sheds a new light upon the subject to which it relates, and which it would be well for every person who deals in bonds and securities to consult.

The Authors of School Arithmetics have generally avoided all mention of the subject, for reasons which it is easy but painful to surmise; while the Commercial Arithmetic makers furnish their pupils with rules which are either grossly inaccurate or ludicrously inadequate. In one instance, the Authors (principals of several Commercial Colleges) after darkly alluding to the abstruse character of the subject, content themselves with a rule which they confess only approximates to the truth, and then fix the standard of truth by a popular Table, which unfortunately happens to be incorrect! In another case, the Author (principal of another Commercial College) after stating his rule, naively remarks in the foot note,—"*No account is taken, in this rule, of interest on the semi-annual payments of interest*": thus disregarding an essential element of the calculation, and "playing Hamlet with the Prince of Denmark left out"!

www.ingramcontent.com/pod-product-compliance
Lightning Source LLC
Chambersburg PA
CBHW021943160426
43195CB00011B/1204